作为侯宝林大师的入室弟子，黄铁良深得相声艺术精髓，他的台风稳健中不失热烈，他的作品传统中蕴含新意，他是技艺精湛的一代名家，是相声艺术的执著坚守者。他"北京长款，天津侉话"的独特演技，身心活跃，流利畅通的舞台风格，深受观众喜爱，以古稀高龄赢得"阳光男孩"的盛誉；他与相声表演艺术家尹笑声的合作珠联璧合，交相生辉，"黄尹"搭档成为天津小剧场相声的金字招牌。

名家笑侃相声圈

阳光男孩·

黄铁良

黄铁良◎口述

杨妤婕◎执笔

天津出版传媒集团

天津人民出版社

图书在版编目(CIP)数据

　　阳光男孩黄铁良 / 黄铁良口述；杨妤婕执笔. --
天津：天津人民出版社，2017.4
　　（名家笑侃相声圈）
　　ISBN 978-7-201-11656-3

　　Ⅰ.①阳… Ⅱ.①黄… ②杨… Ⅲ.①黄铁良-生平
事迹 Ⅳ.①K825.78

　　中国版本图书馆 CIP 数据核字(2017)第 063746 号

阳光男孩黄铁良
YANGGUANGNANHAIHUANGTIELIANG
黄铁良 口述；杨妤婕 执笔

出　　版	天津人民出版社
出版人	黄　沛
地　　址	天津市和平区西康路 35 号康岳大厦
邮政编码	300051
邮购电话	(022)23332469
网　　址	http://www.tjrmcbs.com
电子信箱	tjrmcbs@126.com
责任编辑	张素梅
装帧设计	汤　磊
印　　刷	高教社(天津)印务有限公司
经　　销	新华书店
开　　本	710×1000 毫米　1/16
印　　张	14.25
插　　页	4
字　　数	120 千字
版次印次	2017 年 4 月第 1 版　2017 年 4 月第 1 次印刷
定　　价	39.80 元

著名相声演员黄铁良

黄铁良与众相声名家合影

黄铁良夫妇在收徒仪式上留影

黄铁良与家人合影

黄铁良、尹笑声演出照

黄铁良、尹笑声演出照

夫妻同乐

"黄尹"搭档与著名影视演员孙飞虎

黄铁良、尹笑声与天津蓝天救援队
队员合影

永远的想念

　　书桌的一角，A4 纸打印的父亲的书稿，共五个篇章，安静地摆放了一个多月了，只等这篇序就可以付梓。作为女儿的我，却迟迟不愿动笔，唯恐往事幕幕会触动那根躲藏不及的柔软神经，生怕眼泪会多于字迹。然而逃避不是终久之计，何况这本书是父亲生前最期望看到的，更因为我曾跪在父亲灵前承诺：2017 年父亲生日那天，一定会带着这本新书到墓地去看他。

　　我是父亲三个儿女中唯一一个从事艺术工作的。我常跟他开玩笑说："瞧瞧咱们家，你们老两口儿，您说相声，我妈唱西河；现在我又照搬了你俩的套路：刘彤说相声，我唱西河！"每每说到这儿，父亲便会开怀大笑，而后又陷入沉思。也许因为这个原因，父亲更愿意与我和刘彤聊天，聊关于相声的种种。每逢我们回津探亲，特别是家里人少清净的时候，父亲便会沏上一壶茶，和我俩侃相声，聊包袱儿，谈各地相声剧场的兴衰，唠年轻人怎样继承发展……最后的话题总会落在他从小跟师父侯宝林先生学艺的酸甜苦辣上，其实主要是"甜"，因为他说的最多的是对师父的崇拜、爱戴、感恩和深情。此刻的他会凝视着远方含着泪说：

1

"我孝顺过师父,我伺候过师父,在师父最需要的时候我一直陪伴着师父,师父是握着我的手离开这个世界的,我对得起师父,剩下的就是——我想师父……"

父亲常对我们说:"16岁那年,师父让我来天津'经风雨,见世面'。领悟了师父这样做的真正用意,才成就了今天的我!我得把一辈子所学的东西献给我最爱的观众们,也不辜负师父对我的嘱托!"每说到动情之处,我们都不忍打扰他,生怕惊动了他美好的回忆!我们也顺势催劝他,不如把这记忆里的点点滴滴汇成文字,出一部关于自己的书,除了家人之外,也让广大的观众、粉丝更全面地了解这位他们口中的"阳光男孩儿"。2016年初,父亲终于同意了,并且约定在2017年农历九月十七日他生日那天献给一直深爱着他的至爱亲朋!之后便开始有条不紊地准备、推进。父亲口述,杨妤婕记录、整理。

时间很快来到2016年6月8日。我从哈尔滨飞回天津,嫁到哈尔滨20年来第一次陪爸妈过端午节。9号早上,我和妈妈依偎着聊天,父亲手里拿着几叠稿纸,带着神秘、天真的笑容朝我走来,坐在床边,开口便带着无尽的喜悦:"二闺女,你先别起床,看看我的书稿,已经完成三个篇章了,我叙述的时候是想到哪儿就说哪儿,没想到好婕整理得太棒了,我和你妈看了都感动得够呛!"没错,约请杨妤婕来整理、成稿,是个极正确的不二选择。不仅因为她是中国北方曲校首届文学专业的毕业生,更因为她是刘彤和我的同届同学,对我们家熟悉,对我父亲熟悉,对相声艺术、相声圈儿更熟悉。显然我父亲对书稿非常满意。一是好婕整理润色得好,二是这里边装满了他的年幼懵懂,他的青葱岁月,他的从艺之路,他的感恩情怀!所以他不但让我看还让我念给妈妈听。我认真地看着父亲的脸,那明亮的眼神,那灿烂的笑容,分明是个孩子!虽然内容很长,念完有些累,但字里行间真情的流露让我几次动容,而我们三人这温暖的画面,却定格成我永远的记忆。因为仅仅一天之后,他便留下这半部书稿而匆匆离开了我们。

父亲离世,有两个心愿没有完成:一是秋天的 80 大寿,想办一个从艺的专场演出,另一个就是这本只写了一半的书。人已不在,自己的从艺专场注定是一个无期之梦了,而这本记录他风雨平生的书我们一定会帮他完成。其余部分的内容情节也只能由我母亲陈凤芸和我们这些身边人来提供了。尽管每回忆一个细节,都会深深刺痛自己的神经,但想想九泉下父亲未竟的夙愿,想想他的无数拥趸者那渴盼的目光,便欣然无悔且充满力量。一遍一遍推敲斟酌,几次三番查漏补缺,杨好婕执笔的《阳光男孩黄铁良》终于要和读者见面了。

这是父亲留给我们、留给喜爱他的相声观众的一份礼物,也是我们对他的永远的想念。

真所谓"无巧不成书"!就在昨天晚上,我梦见了我的父亲。他在梦里是那样的清晰,虽然没有语言交流,虽然他看不见我的婆娑泪眼，我却能真实地感受到：他很好，他很开心！是不是冥冥中他也在为这本书的成稿而欣慰呢！

权当序。

黄维清　刘彤

2016 年 11 月 8 日

目录 Contents

开　篇

1942 年秋，北平。

秋天，是这座中国古老帝都最美丽的季节，高远的天，蔚蓝而明亮，早晚，伴随着悠扬的鸽哨声，有鸽群整齐地飞过，在晴朗的天空，留下一帧帧俏丽的剪影。

街上，各种各样鲜亮爽眼的水果飘着清朗的香气，伴着这香气的是小贩们如歌唱般悠扬婉转的吆喝声，这声音远远传来悠悠雅雅，让人听了又安心又愉快。还有良乡的栗子、丰台的菊花以及用席篓装好的河蟹，也纷纷闪亮登场，向人们发出带有诱惑性的呼唤。这一切都只说明一件事：北平人极其看重的中秋节快到了。

大作家老舍先生在他的传世名著《四世同堂》里说过这样的话："北平之秋就是人间天堂，或许比天堂更繁荣一点呢！"

可是，这样繁荣、丰盛、赏心悦目的美丽之秋，久已远离了爱享受、会享受的北平人，不用掐指便能算出，整整五年。

日寇入侵，古城沦陷，自 1937 年卢沟桥战起，五年来倭人铁骑已经把这座华美雅致的城市蹂躏得面目全非，经济衰败，民不聊生，北平和他的人民一起在国破家亡的哀痛中苟延残喘,悲伤、愤恨而又那么无可奈何。

因而,原本应该最美好的秋季,便越发显得荒芜凄凉。

可是,这毕竟是中秋,中国人的中秋!

北平人,尽管悲伤、愤恨而又无可奈何,却自有他们的宣泄和抗争。

于是,就在临近中秋的时候,在一片灰白的大街上,蓦地就出现了那么一点亮色,那是北平中秋必不可少的标志物——兔儿爷!

尽管没有应季瓜果,没有月饼酒茶,但是兔儿爷还在,北平的中秋就没有消亡。兔儿爷粉面彩身,身背后插着旗伞,有的骑老虎,有的坐莲台,粉脸光润,眉眼清秀,三瓣小嘴,细长耳朵,穿着各色袍服,显得那么神气活现,这是忧患中的人们,尤其是孩子们,唯一的一点快乐。

正是下午,阳光已经略显稀薄,新街口板桥头条胡同,随着细碎却有力的脚步声,一个小男孩从胡同口跑了进来,刚满五岁的样子,脸蛋白皙,五官端正,微微扬着头,笑眯眯地满脸喜色,手里抱着一个新买的大个的兔儿爷,正匆匆地往家跑。

"德义,慢点跑!"随着一声清脆的呼喊,小男孩身后走来一位青年女士,穿着淡雅的旗袍,俏丽清爽,声音尤其脆亮好听。

小男孩并不回答,看见自家大门反而越跑越快,一口气跑上台阶,抬腿迈门槛,一是跑得太急,二是人小腿短,男孩被门槛绊了一下，身子朝前一扑，栽进了院门。倒地的瞬间，他高高地举起双手，保护了他的兔儿爷。他的腿磕在门槛上，包门槛的铁叶子钉着铁钉，钉子在孩子娇嫩的小腿儿上划出了极大极深的伤口。殷红的血流了出来，男孩随即大哭起来。

"哎哟！告诉你别跑、别跑，看看……"穿旗袍的女士惊慌地快步上前，抱起男孩，紧接着，后院又走出一位年轻的家庭妇女，男孩看见她，喊了一声"妈妈"，哭声更加响亮了几分。

两个女人把孩子抱进屋，母亲找出云南白药给儿子敷上，又用一条干净手绢系紧伤口，男孩已经停止大哭，还在轻声抽泣，妈妈劝慰儿子：

"好了，谁让你不听四姑的话，跑那么快呢！一会儿就不疼了，不许哭了，看惊动了太太。"太太是旗人家里对祖母的称呼。

旗袍女士这时候松了一口气，笑着说："不光是疼，也是吓了一跳。"

这是一户旗人家庭，一大家子围绕着老祖母，居住在一个宽敞工整的四合院里，吃饭的时候祖母还是知道了孙子受伤的事，免不得埋怨了四姑几句。

晚上，四姑换了家居装束，来到二嫂的房中，小男孩黄德义靠在炕上，还在摆弄他心爱的兔儿爷。四姑一见，乐了，用她那水灵好听的声音说：

"嚯,还玩儿着呢,摔得那么重都没撒手。今天吓着了,四姑得给你买点什么好吃的压压惊。"她转过头,对她的嫂子说:"这叫什么事儿呀,连给孩子买点儿零嘴儿都没有。"

"四姑!"小德义放下兔儿爷,扬起脸来,"我不要零嘴儿。"

"宝贝儿,你要点儿什么呀?"

"我要你唱一段。"

"唱一段?"四姑有些意外,带着一点笑意,她又问,"唱一段什么啊?"

"四郎探母!"

"哟,这小子,这才多大呀,就爱听戏,还会点戏。莫非,将来也要干我们这一行?!"

说着,轻嗽一声,低低的声音唱了起来:

听他言吓得我浑身是汗,

十五载到今日才吐真言

……

一曲唱罢,全屋人频频点头,小德义更是兴奋得小脸绯红:

"四姑,再唱一段吧!"孩子连声请求。

四姑看看侄子,又看看哥嫂:

"这小子这么着迷,莫非将来真的要干这一行吗?!"

　　事情果真被四姑言中，多年以后，黄德义成为一名相声艺人，取艺名黄铁良，先在北京学艺并拜入相声大师侯宝林门下，后在天津作艺走红。直到古稀之年，他还经常饶有兴趣地向晚辈们提起五岁时候的这一幕。

一、学艺篇

相声演员黄铁良，原名黄德义，满族人，1937年农历九月生于北京一个没落旗人家庭。

黄铁良幼时家住北京新街口板桥头条胡同一个四合院里，院子讲究工整，与他后来常常上演的相声《夸住宅》里的描述极为相似。黄家本是大家庭，以老祖母（依旗人风俗称为太太）为首，伯父母一家、他们一家都居住在一起。他的父亲是一位铁路职工，母亲是家庭主妇，黄铁良是八个子女中的长兄。同住的还有一位四姑黄仲华，是一位京剧演员，艺名黄迎秋，曾与杨宝忠合作唱戏，后来还开过演出曲艺的剧场，名为"迎秋茶社"。正是这位四姑，引导黄铁良走上了从艺之路。

青年时期的黄铁良

1950年，黄铁良十三岁，正在上高小。共和国初建，百废待兴，最先恢复的就是演艺行业，全新的国家政

6

府复兴文艺,尊重艺人;艺人们经历了多年飘摇动荡,渴望安定下来,让自己的艺术得以发挥发展;而度过战争苦难,初尝新社会甜蜜生活的人们,由于温饱无忧、老病有养而欣喜不禁,重又燃起欣赏艺术的热情。北京的剧场、茶馆,一时间热闹非常,且是名角荟萃,知音云集。

而对于一个十三岁的少年,这个年龄正是贪玩阶段,对感兴趣的事有一种本能的如醉如痴。黄铁良迷上了看戏、听书、听相声、听大鼓。那唱腔或优雅或明丽或高昂或雄壮,那故事或曲折或惊险或欢喜或悲伤,那人物或忠勇或善良或奸狡或残暴,都使小小少年那么沉醉其中、不能自拔。半个多世纪以后,他每每回忆起当年:"那时候电台播放关顺鹏、关顺贵兄弟的竹板书《薛刚反唐》,哎呀,太好了,故事那个抓人,人物活灵活现,一环扣一环,我是每天必听,真是太好了。"那一派向往之情,仿佛又回到少年时代。

书包藏在"沟眼儿"里,逃学去听相声,是常有的事。当时相声场子是"零打钱",每到收钱时,黄铁良就跟几个同龄的孩子一起,转身就跑,等人家打完钱,再钻进剧场,继续听得津津有味。虽然不太热衷读书,在学校的文艺活动中黄铁良却是活跃人物,唱歌尤其出色,班主任老师曾经指着这个学生说:"这是个干文艺的好材料!"

在他还是七八岁的时候,常去西单商场的启明茶社,那是著名的"相声常家"常连安经营的专演相声大会的园子,后台经理就是常连安。虽然舞台设备简陋,后台狭窄,但是演出阵容甚强，有众多的京津两地相声艺人轮流献艺，如张寿臣、刘德智、华子元、吉坪三、马桂元、郭荣启、于俊波、赵霭如、常连安、于堃江、侯一尘、张杰尧等老艺人，还有刘宝瑞、郭全宝、王世臣、白全福、罗荣寿、王长友、李宝麒、马四立、孙玉奎等，都在启明茶社演出过。黄铁良尤其对苏文茂、常宝华、于连仲、于春藻、赵春田等少年演员十分羡慕，他们当时正在启明茶社熏陶受业。

这期间黄家也有一些变故，老祖母去世，兄弟分家，离开了板桥头条的大宅子，先是搬到顺城街，后来又搬到达智营。达智营这里房间宽敞，并且周围多有高邻，隔壁就是常连安家，红极一时的侯一尘也住在附近。

四姑迎秋始终跟黄铁良一家在一起生活，大概是1950年左右，四姑在前门外鲜鱼口开办了"迎秋茶社"，一百多人的小剧场，专演相声、鼓曲以及魔术、气功等等，并且以相声居多，侯宝林、郭启儒攒底，高德明、赵蔼如、罗荣寿、李桂山、王世臣、王恩禄、赵春田、于世德、于春藻、于连仲等上演相声大会，还有京韵大鼓演员良小楼、单弦演员曹宝禄等名角，都在此献艺，这些人后来几乎都成了北京曲艺团的演员。黄铁良每天都去茶社，这里开启了他心中的艺术之门。

那天，台上正是金震、金石兄弟表演魔术，"挖单"一抖，变出一束鲜花，紧接着一盆游动的金鱼，还有一只抖动翅膀的鸽子，最后一个点燃的大火盆把观众情绪推向高潮，在掌声中推上一只漂亮的木箱，打开箱子盖儿，再把箱子立起来，为了让观众看见是一只空箱子，再盖上盖子，演员用手一指木箱，说一声"来啦"，伸手打开箱子盖儿，咦，一个男孩在箱子里站了起来，个子不高，身穿学生制服，白皙的脸庞，大眼睛炯炯有神，笑眯眯地鞠了一躬，观众大声叫好，掌声笑声响成一片。后台笑得更厉害，黄迎秋往台上一看，不由得一愣，这不是我侄子嘛！嘿，又没上学去，跑这给魔术"钻瓢子"来了，平日里那么胆小腼腆，这时候还挺从容，不怯场。四姑看着，想着，不由得心里一动。

黄迎秋想到一件事。

就在 1950 年初，北京的相声艺人孙玉奎、侯宝林、常宝霆、全长保、佟大方、罗荣寿、高德亮、于世德等人发起，成立了"相声改进小组"。

这是从旧时代走进新社会的相声艺人的自觉行为，他们深感自己几十年赖以生活的这门艺术，在追赶新时代脚步的时候显得那么力不从心，若想不被淘汰，必须改造自身。孙玉奎、侯宝林是这个小组的核心人物，孙玉奎先生任组长，他们积极团结广大相声演员，树起相声改革的大旗，拟出改革的方案、步骤，一面改进，一面实习，组织了相声大会的演出，所有的收入都作为演员的生活费。成立识字班，消灭文盲，进行时事教育，使从旧社会过来的相声演员,能逐渐提高文化和政治水平,改造相声,以达到对群众进行宣传教育的作用。

相声改进小组组织演员们学习党的方针、政策、时事,还建立了对业务上的集体讨论制度,即将个人创作的新相声或经过整理的旧相声,拿到会上进行集体讨论,大家互相出主意加以润色,或在文字上作适当的增删,然后在剧场试演,听取观众意见,进行修改后再试演,大家认为没有问题了,印出本子,作为固定的脚本。这样就使不论是创作的新相声还是整理的传统相声,能够达到较高的水平,并使其定型化,有利于广泛传播。??同时还设立了监听制度,初期由刘德智在后台负责监听,听出问题负责记下来,然后告诉本人或提到会上集体讨论,研究修改办法,使其演出保持内容的健康。

这样一个不同于旧班社的组织,不但受到相声演员们的拥护,也得到包括著名作家老舍、语言学家吴小玲、罗常培等人的支持和帮助。这些大学问家的参与,使相声改进小组在知识层面上有了一个跃进。为了进一步发展,他们还招收学员,要培养既有老活做根基,又擅长表演新节目的青年一代。

四姑黄迎秋想的就是这件事。

回到家,四姑跟铁良的父母说起来了:"咱们家这个德义啊,我看是迷上相声了,天天长在茶社里。依我看,作艺也不是什么坏事,凭本事吃饭吧。再说现在解放了,新政府看中艺人,我们也不是下九流了,我看这一行有前途。现在孙玉奎他们的相声改进小组正在招学员呢,管吃管住管教能耐,孩子又喜欢这一行,干脆就叫德义去吧!"

黄铁良的父母,用他自己的话说是"一对老实人"。一位是本分的铁路职工,工资不高,指望多跑几趟车,多挣一点儿加班费补贴家用;一位是家庭妇女,八个孩子的母亲,满脑子柴米油盐和一家人的温饱,因而家里的很多事,都由四姑迎秋做主。这一是因为黄迎秋经多识广,颇有主见,同时或许也是略微承袭了一些旗人家姑奶奶主事的传统。这时候,听四姑这么条条有理的一说,又实实看出自己的长子那么喜爱相声,夫妻俩不约而同地点点头,一件关系终身的大事,就这样决定了。

相声改进小组是个自发的组织,没有有关部门的支持和资助,当时租用西城小口袋胡同一个四合院作为办公地,新招来的学员们就在这里学习生活,房租、学员的衣食住,都是京津两地致力于相声改革和培养新人的相声演员们自愿提供,他们组织"相声大会",演出收入用来支付"相声改进小组"的费用。

黄铁良回忆起在小口袋胡同的学艺时光,动情地说:"前辈老先生把相声艺术和个人联系到一起,他们与相声融为一体,不可分割,所以他们无私奉献,无论是金钱还是

11

艺术,他们从不吝啬。我们小时候在相声改进小组,吃住的费用是长辈们拿的,学的艺术是长辈教的,那是既给了我们一时的饭,也给了我们一辈子的饭。同时他们对于艺术也绝不马虎,对我们的教育丝毫不放松,不允许有一点儿对付,打下了这样的基础,我们严格要求自己,规规矩矩说到今天,从相声改进小组出来的学生,没有一个走样儿的,都遵循着老规矩。不是不能创新,当初我师父和孙玉奎先生他们成立相声改进小组,就是为了改造那些陈旧的、不合时宜的东西,创作新的、符合时代要求的作品,但是传统的规律、技法是我们的根,丢了这个根,创新不就成了无源之水了嘛!"

遥想半个多世纪以前,北京西城小口袋胡同,一个整洁的小四合套里,这一天住进了几个十多岁的少年,个个风华正茂,人人精力充沛。由此,小院里每天回荡着少年们清脆的声音,《报菜名》《地理图》《开粥厂》《夸住宅》《八扇屏》《大保镖》《洋药方》《白事会》……大段的贯口,故事生动、节奏流畅、人物鲜明,琅琅的背诵声此起彼伏,幽静的小院变得生机勃勃,情趣盎然。

学员班里有孙宝奎、茹少亭、辛宝山、王长林、阿双全、黄铁良等,于春藻、于连仲兄弟偶尔也会来听课,年龄都在二十岁以下,中断了高小学业的黄铁良是这群孩子当中最小的一个,当时还不满十三岁。

每天早晨六点起床在复兴门那道城墙下喊嗓子，早饭后练功，八点多钟先生来了，开始上课。一人首先来段儿绕口令，练嘴皮子，一人使个所会的"贯儿"，然后老先生开讲，逐一指点，这点哪儿不对，这点哪儿气口不好，应当怎么样，转过天来还是如此。中午饭后有一个小憩的时间，可以稍微午睡，也可以在附近走走，下午两点继续上课，直到吃晚饭。晚间是一段轻松时光，少年们嬉笑聊天玩一会儿，就该洗漱睡觉了。虽然单调，却并不乏味，中国的相声那么丰富，刚入门的男孩们像小鱼儿游入大海，兴奋激动而又眼花缭乱。

不像现在的艺校专门有一位管理生活的老师，学员们都很自觉地按时作息，早晨六点准时起床，没有一个偷懒，这些少年情况不同，有世家子弟，比如于春藻、于连仲，是老艺人于俊波的儿子；也有带艺求学的，比如阿双全，此时已经拜入白全福门下；也有黄铁良这样的"生虎子"，但是有一个共同点，就是都对相声有一种由衷的热爱，对学艺有一种发自内心的执着，这么千金难买的学习机会，谁也不肯放过，自是自觉勤奋，不敢懈怠。

一来是认真刻苦，二来也是年轻聪明，大段的台词不用抄录下来，全凭记忆和背诵，竟然丝毫不差。不仅是当年，六十多年以后，依然丝毫不差。这一点令当今这些随时都能掏出手机录音的后辈们十分惊异："不用笔记录下来，记得住吗？"

八旬老人微微一笑："记得住！一段'保镖'，分成三个段落，一段一段地背，连劲头儿、气口儿一块儿练，到现在也忘不了。至于小孩子、莽撞人等等，几遍就会。"说着站起身，"来至在当阳桥前，张飞赶到，见张飞……"铿锵有力的台词，精准漂亮的动作，画龙点睛的表情，眼前哪里还是矮个子小老头儿，分明是那位"大喊三声，将当阳桥喝断"的猛张飞。在小辈们的喝彩声中，老爷子收起身架，又微微一笑："都是当年的基础！"

大多时候来讲课的有汤金城、谭伯儒、刘德智、罗荣寿等几位，开始上课时先把前一课教授的台词背一遍，先生边听边给指点，劲头儿、气口儿、情绪、感觉，不仅一段一段地讲，而且一个人一个人地讲。

回忆当年，黄铁良说："口传心授，我自己的体会，比教材强。教材是白字黑字，那是死板的僵硬的，师生面对面，那是活生生的，有血有肉的。贯口不仅用来打基础、锻炼嘴皮子的功夫，还有劲头儿、尺寸的揣摩和体会。老师不是笼统的一概而论，而是根据不同学生各自的条件，比如嗓音、外形、气质、感觉，不同的情况做不同的处理，因此才有我们这些人，同一段节目，人人会说，又各有特点，这才是相声魅力之所在。"

黄铁良自言，在相声改进小组学艺的时候，深得诸多前辈的精心传授，使自己受益最多的则是罗荣寿先生，至今他的很多作品如《大保镖》《白事会》等，完全是依照了罗荣寿先生的路数。

侯宝林是当时最走红的相声演员，虽然因为演出繁忙而无暇过多教授学员们，但还是经常来到小口袋胡同，有时候是跟孙玉奎先生商量事情，谈完事以后看看学生们的功课。看见黄铁良，他笑了："哟，你也来了，你四姑让你来的吧！"四姑黄迎秋跟侯夫人王雅兰同为京剧演员，是感情深厚的姐妹，跟侯先生也非常熟悉。

"是！"黄铁良毕恭毕敬地回答，有点惊喜，有点腼腆。其实他在迎秋茶社多次见过侯先生，他还记得第一次见到侯夫人王雅兰时，侯夫人很高兴地拉住他的手说："这小孩真俊！"但是这样近距离地与侯先生对话，还是第一次。

"好，好好学，啊！"

"是！"再一次毕恭毕敬的答应，又紧张又激动，竟然有点儿不知所措。那清亮的声音，文雅的风度、顾盼有神的眼睛、玉树临风的身姿，男孩被眼前这位中年人迷住了，敬仰崇拜油然而生。

在这里还曾经见过老舍先生，由孙玉奎、侯宝林、作家习香远等人陪着，谈完事情在小院里随意走走，看看小学员们练功。脸上带着微笑，好听的北京口音，说话声音不高，语调和缓，低调平和中透露出儒雅的大家气派。

相声改进小组致力于对旧相声的改造，但绝不是全盘否定老传统。孙玉奎、侯宝林、常宝霆、全长保、佟大方、罗荣寿、高德亮、于世德等人都是自幼接受传统相声的熏陶，深得其中三昧，他们深谙其中的精华与糟粕，同时以他们多年的从艺经验和体会，更懂得保留精华摒弃糟粕的重要性。他们要研究出一种新相声，而不是"非相声"，而新相声的来源必然是传统经典。

在当时，政府提倡新文艺，观众需要新节目，演员们也希望有新作品拿上舞台，而当时的新相声创作尚在萌芽状态，于是"旧瓶装新酒"的方式就成为新作品的最佳来源。"相声改进小组"就利用了这个方式，传统套路和新内容的组合，使人听来既熟悉又新颖。黄铁良至今还记得当年的"改进节目"，他回忆说："比如《维生素》，就是《报菜名》的路数，只是把原来的南北大菜、满汉全席改成了人们的日常食品，说明怎样食用才最富营养，带有科普性质。还有《新药方》，来源于传统节目《洋药方》，也是没症、不症那三大块贯口，只是改成了新内容，比如把'没症'改成'没国家没民族没教育没基础没知识没发展'，把'不症'改成'不民主不文明不团结不斗争不进步不平等'等等。虽然不是很高级的创作，但是在当时起到了非常积极的作用，也为后来的新相声创作打下了良好的基础，对相声的发展，真可以说是功不可没。"

黄铁良在相声改进小组的学习生活持续了一年多，打下了坚实的基础,当他毕业的时候,正赶上文艺界发生一件大事,那就是"常程二烈士"在朝鲜牺牲。

抗美援朝战争期间,"中国人民抗美援朝总会"为转达祖国人民对中国人民志愿军的关怀和敬意,在战争中和停战后,三次组织中国人民赴朝慰问团,前往朝鲜慰问中国人民志愿军和朝鲜军民。慰问团成员由全国各民族、各民主党派、各人民团体和革命烈士家属、军人家属的代表,各条战线著名的劳动模范和中国人民解放军的战斗英雄及各界知名人士、文艺工作者组成,团长是时任中共中央委员、宣传部副部长廖承志,副团长是陈沂和田汉。根据朝鲜战地情况,决定多动员曲艺界的著名演员赴朝参加慰问演出,成立一个"中国人民赴朝慰问团曲艺服务大队",跟总团一起活动,各地一些曲艺演员纷纷表示参加赴朝演出,连阔如、侯宝林、曹宝禄、常宝堃、高元钧、魏喜奎、良小楼、关学增等众多曲艺界的著名演员都来到这个大队,阵容空前。第一届中国人民赴朝慰问团于1951年4月初赴朝,4月23日,天津最负盛名的相声演员常宝堃和名弦师程树棠,在朝鲜遭遇敌机轰炸不幸牺牲,常宝堃时年仅二十九岁。

天津市为常程二烈士举行了隆重的公祭仪式,一万五千人为两位烈士送殡,浩浩荡荡的队伍成了抗美援朝的一次示威游行。艺人殉国,国家厚葬,对大家是个思想上的洗礼,更多的曲艺人加入到慰问团中来,其中就有刚刚从相声改进小组毕业、还不满十四周岁的黄铁良。

第一届赴朝慰问团经过短暂休整，迎来了新的任务，就是按各大区划分，先后出发到全国各地宣讲，把志愿军的英勇事迹向群众做宣传，号召全国人民进一步开展爱国主义运动，支援朝鲜前线，取得抗美援朝的最后胜利。全体人员先在北京集中，驻扎先农坛体育场三天，抗美援朝总会的干部做了动员报告，然后分队。黄铁良和罗荣寿、刘德智分在西南队，先到武汉，再到成都，从成都到达重庆后，西南队又分成川东、川南、川西、川北，在重庆集结待命的时候，黄铁良初识尹笑声。

西南队在重庆集结待命，住在重庆胜利大厦，安顿好东西去吃饭，一进餐厅罗荣寿就乐了，冲前头喊了一声："笑声！"

前边，一个高个子男孩回过头来，看见罗荣寿，也乐了，赶紧走到近前，罗荣寿一指黄铁良："你们认识认识吧，他叫黄德义！"那时候他还没用"黄铁良"这个名字。

黄铁良看看尹笑声，高高的个头，大眼睛很有神，满脸稚气。尹笑声是天津老一辈相声艺人尹寿山的儿子，自幼学艺，七岁登台，拜师马三立，此时已经出师。他比黄铁良还小半岁，尹笑声后来回忆跟黄铁良的初次见面，曾说："那时候他十五，我十四。"其实说的是虚岁，按实际年龄，那个时候黄铁良未满十四周岁，而尹笑声才十三岁。

看到个头不高、眉眼清秀的黄铁良，尹笑声特别高兴，因为离开了天津那些一起学艺、同台演出的小伙伴，他已经郁闷很久了，终于有了一个同龄人，真是意外之喜。

尹笑声曾经回忆："我好容易看见一个岁数差不离的，哎呀我特别喜欢他。有时候我们俩就一起玩儿。虽然年龄段儿一样，可是他特别老实，不爱言语，一点儿活泼的意思没有，就像一个小姑娘。而我从小就贪玩，淘气都出圈儿，所以跟他呢，总感觉说话说不到一块儿。"说这番话的时候，尹笑声黄铁良已经合作多年，成为天津茶馆相声的第一"火档"，并且二人都已经年过古稀了。

在当时，虽然性格各异，毕竟年龄相仿，他们俩还是常常在一起。慰问团待遇不错，每天有香烟供应，还有每天每人一个生鸡蛋，可以请厨房给加工，蒸、炒、煮随意。这一天，住在楼下的尹笑声又上楼来找黄铁良玩儿了。

"德义，德义，过来。"

"干嘛？"一高一矮两个男孩凑到一起。

"你看这个。"尹笑声一伸手，手里握着一个鸡蛋，"你说我敢不敢把它磕你脑袋上？"

"你别，你别！"对方问敢不敢，他却回答"你别！"

"啪！"高个子居高临下。

"哎哟！"小矮个一声惊呼，手捂脑门儿，其实并没有蛋黄蛋液与鲜血齐流的恐怖景象，可是他还是惊出了眼泪。

"别哭别哭，你看啊！"尹笑声把手一摊，原来那是一个被抽空的蛋壳。

"你、你……"扑哧一声破涕为笑。

为这事，古朴方正的罗荣寿先生还有些不高兴，但是两个男孩之间的友谊却未受丝毫影响。六十多年后，他们还经常向晚辈们提起这桩趣事。

短暂的集结后，西南队分成川东、川西、川南、川北四路人马，尹笑声冯宝华分到川北，黄铁良罗荣寿刘德智奔赴川南，同台演出的还有重庆市杂技团的全体演员。

重庆、雅安、甘孜，川南雄奇秀美的风光令人陶醉，观众们的热情令人感动，这热情一方面由于喜爱演员们的精彩表演，更重要的是对于抗美援朝志愿军英雄的热爱与崇敬。最受欢迎的是杂技节目，相声因为语言的原因，观众欣赏起来稍显生疏，于是到了甘孜，还配备了懂汉语的当地人做现场翻译。

雅安给黄铁良留下深刻的印象，他至今还记得慰问团驻地旁边有一个花园，园中有个亭子，登上亭子就可以俯瞰周边的秀美风光。慰问团住的招待所是一座寺庙临时改建的，庙里供奉七十二笑佛，座座佛像还都在，一个房间里有一尊笑佛，虽然是笑着的佛，可是夜深人静时依然骇人。当地的蚊子硕大无比，铁良躺在蚊帐里，既躲避佛像也躲避蚊子，窗外不时传来狼的叫声，仿佛就要越过门前那道小水沟，抬起爪子拍打房门。

最后一站是甘孜。

甘孜位于康藏高原东南，以藏族为主体民族，因一曲《康定情歌》而名扬海内外的康定市就在甘孜境内。甘孜有熊猫、小熊猫、金丝猴、白唇鹿等野生动物，有天麻、虫草、贝母、当归、黄芪等名贵中药材，有金、银、铜、铁、钼、锂、大理石、花岗岩等矿产资源。

初到康藏，高远的蓝天、无垠的草原、英武的骏马、成群的牛羊、身穿藏袍的男女老少，高原辽阔美丽的风光令人陶醉。慰问团的帐篷就设在山脚下，对面山坡上就是雄伟壮丽的甘孜寺，每天清晨，寺里几位高大强壮的藏传佛教僧人吹响硕大的法号，庄严肃穆的号声传遍草原，宣示了甘孜人一天生活的开始。

甘孜居民与人民政府和解放军之间关系和睦亲切，对慰问团更是特别热情。慰问团刚到甘孜，甘孜寺的总管就宴请了全体团员，黄铁良还记得这位总管身材高而胖，尤其擅饮，但是态度和气，饭后还和当地驻军及藏民一起观看了慰问团的演出。

甘孜寺的活佛当年仅有八岁，一切事宜均由总管代理，所以也没有出面接见慰问团成员，然而黄铁良却与小活佛有过一面之缘。

缘分源于一位飞机驾驶员，临去重庆的时候，在昆明机场，为了答谢机组成员，黄铁良和另一位少年相声演员小立本做了现场表演，二位少年声音清脆、口齿伶俐、相貌讨喜、活泼可爱，大受乘务人员欢迎。其中有一位飞机驾驶员,特别喜欢黄铁良,一路上对他多方照顾。到了甘孜以后的一个中午,驾驶员找到黄铁良。

"小黄,你想不想见见小活佛?"

"活佛!咱们见得到活佛吗?"

"别人见不着,我就能见着,跟我走!"

黄铁良至今也没弄明白,为什么这位飞机驾驶员那么轻易地就进入了甘孜寺,而当时,他根本就没想这个问题,对活佛的神秘感驱使他毫不犹豫地紧跟着驾驶员走进寺内。

寺院宽敞整洁,活佛的住处是一座四层藏式小楼,楼梯上铺着地毯,装饰考究,特别让黄铁良惊喜的是,栏杆上拴着七八只漂亮的小巴狗,看见有人来,小狗们一起吠叫起来,很快一位僧人悄无声息地出现在楼道里,看见他们,恭敬地做了一个"请"的手势,从一楼上到三楼,俱是如此,他这才明白,小狗的叫声是用来通报有人上楼来了。到了第四层,负责接待的僧人把他们引进一个宽敞的房间,摆着藏式家具,迎面有一张长桌,摆着各式水果、奶茶、糌粑、牦牛肉。僧人半弓着腰,毕恭毕敬地撩起里间的门帘,小活佛缓缓走了出来。

八岁的小活佛穿着漂亮的僧袍,脸上是与年龄不符的端庄平和的神态,客气地做了一个手势请客人坐下,僧人附在活佛耳旁说了几句,活佛的面色轻松了一些,轻轻站起身,忽然双臂舒展跳起舞来,伸腿摆臂、袍袖挥舞、典型的藏族舞蹈动作，最后是双手前展、躬身低头的收势。再抬起头来，看见对面的汉族男孩也在看他，四目相对，都露出天真的笑容。僧人告诉他们，活佛跳的是一曲《东方红》。

午饭时活佛请客人品尝的是奶茶、牦牛肉和糌粑，牦牛肉做成了肉干儿，糌粑是青稞磨面，用油和糖搅拌而成，用手抓食，这些藏族食品他实在吃不惯，虽然见到了活佛，却饿了一下午肚子。

第二天早晨，当晨曦越过山梁，嘹亮的法号声再次响起，铁良走出帐篷，抬头向甘孜寺望去的时候，竟然惊讶地发现了一个幼小的身影，正是小活佛，他站在四楼上，一只手扶着栏杆，一只手正向自己不停地挥动，铁良也举起胳膊，用力招手。在以后的很多个清晨，这两个都有些特殊的孩子，就以这样特殊的方式互致问候。

历时三个多月的慰问结束时，西南队回到四川，举行了一个盛大的庆祝联欢，然后演员们各回来处，黄铁良回到北京，参加了北京市文化局组建的北京市曲艺工作团，继续在迎秋茶社演出，同台的有鼓王白云鹏和年方妙龄的阎秋霞，侯宝林、郭启儒在此攒底。

那时候侯宝林已经首开山门收贾振良为大徒弟，贾振良当时是迎秋茶社的服务员，茶社老板黄迎秋可怜他们孤儿寡母，就让他们母子住在了达智营黄家。黄铁良总跟贾振良在一起，对他得拜名师非常羡慕，四姑了解侄子的心思,更因为与侯夫人王雅兰的亲密关系,于是便提出让铁良也拜入侯先生门下,侯宝林夫妇欣然应允。

黄铁良与贾振良(左)、王学义(中)演出照

正是新中国成立初期,很多老旧习俗不再流行,拜师的那些旧讲究也被艺人们摒弃了,没有头顶字据跪听师父

与恩师侯宝林合影

训诫,没有从师爷到师叔再到师兄们的逐一叩拜,也没有当今愈演愈烈的高朋满座、盛友云集、酒宴排开几十桌的热闹场面。新徒弟入门没有任何拜师礼物,反而是在师父家吃了一顿饭,也只有师父师娘和四姑迎秋。年月久远,那一餐的饭菜都已经忘记

了，师父的话却铭记了一生："你是打定主意要干这一行的，作艺一行，自然是以艺术为主，在旧社会，我们依靠艺术安身立命、养家糊口；现在是新社会，艺术不光给咱们带来丰衣足食，还给咱们带来荣誉，咱们就得更对得起这门艺术。要干一行、爱一行、敬一行，你不亏负艺术，艺术自然也就不亏负你。"

虽然没有隆重的拜师仪式，但是师父有一个规矩，凡是正式入门的，都要照一张相片。饭后师父带着铁良来到奥亚照相馆，郑重其事地照了一张师徒合影，至此，黄铁良成为侯宝林的入室弟子，排行第二，后来师父又把他的名字改为黄铁良，并沿用至今。

从黄德义到黄铁良，是一个非常有趣的故事。

那是拜师不久，黄铁良跟随师父到天津演出，就在劝业场旁边的天祥商场楼上，那里有个小园子叫大观园，听说侯宝林来演出，相声前辈张寿臣老先生特意来到剧场。寒暄已毕，看见侯宝林身边跟着一个个头不高、眉目清秀的小男孩，张寿老问道："这是谁呀？"

"哦，没来得及跟您禀告，"侯宝林回答，"这是我新收的小徒弟。"说着就吩咐铁良"叫师爷"。

"师爷！"

寿老点点头："好，不错，看着有人缘！叫什么名字？"

看着眼前不怒自威的老爷子，再看看态度恭敬的师父，铁良禁不住有点紧张，怯生生地回答："黄德义！"

"哦！"极快地,张寿老应了一声,"德字儿,辈儿不小啊！"

不动声色,接着又聊起了别的,侯宝林却觉得大不自在,晚上赶紧抽个空叫住徒弟:"打明儿开始,你得改名字,张先生对你这名字有看法。"

原来,按相声界排辈分而论,德字辈就是有名的"相声八德"那一辈人,在寿字辈之上,是宝字辈的师爷,因而侯宝林自然会很重视张先生那句话。

"改名？"小男孩觉得匪夷所思,他还不太明白个中利害。

"对,必须得改。"师父态度坚决,"改什么呢?你在家里还有别的名字吗？"

"还有个名字叫铁良！"

侯宝林喜上眉梢:"铁良,这名字好,黄铁良,你大师哥叫贾振良,你叫黄铁良,都是良字,挺好！"

于是,黄德义正式成了黄铁良。

从此他成为侯家的一员,无论是北艺药房还是绒线胡同、还有宣武门外香炉营五条八号,都是他生活过的地方。

北艺药房是解放初期侯宝林开的药店,当时开药店的还有常家,常连安的药店叫小安堂。北艺药店由侯夫人王雅兰的弟弟、孩子们称为二舅的王先生经营,当年侯耀华六岁,侯耀文四岁,每每是黄铁良清晨来到北艺药店,师父由于头一天晚上演出攒底睡得很晚,此时还在楼上熟睡未醒,耀华耀文已经在楼下玩耍了,他们特别喜欢这个性格绵软、极有耐心的二师哥,铁良也喜欢两个小弟弟,总是很有兴趣地哄着他们玩儿。他的记忆里耀华耀文都很活泼淘气,耀华尤其喜欢捉弄家里的小狗,对于宠物的喜爱持续到现在。

后来成为著名影视演员的侯耀华,在多次接受电视参访时都真诚地说过:"我和弟弟耀文都是二师哥铁良抱大的!"此言确实不虚。

每忆恩师,黄铁良总是动情地说:"我是一个有福之人!"他说的有福,还不仅仅指成为名门弟子,更重要的是得到"明"师耳提面命的教诲和潜移默化的影响,使他在相声艺术上受益良多。

就在北艺药房,曾经有一次师徒闲话,师父问到每天所演的节目,铁良自然是如实回答,师父听着,忽然眉毛微挑,带笑问道:"怎么没听你说使《十八愁绕口令》呢?"

铁良对于师父,从来都是直抒心意、绝无隐藏的,便说道:"我不喜欢这个节目,总觉得观众似乎不太爱听,自己费力不讨好。"

"哦,"师父极轻地应了一声,微微点头,向窗外默默凝视了一会儿,目光收回,看着自己的徒弟,声音依然很轻,却特别清晰有力,"费力不讨好?!恐怕还是没真费力吧?真费力了，自然就讨好。"

六十多年以后，黄铁良对于当时的情景记忆犹新，他说师父虽然语气很轻，但是在他听来却犹如当头棒喝，"真费力了，自然就讨好。"他一辈子记着这句朴实的话，从当年到古稀，师父凝重的神色、轻轻的语气，总是出现在他的眼前、耳边，那以后他发奋练习《十八愁然口令》，并且经常上演这个节目。他唱"十八愁绕口令"不打节子板，而是使用玉子板，他的"十八愁绕口令"里有一段："一棵槐树搂一搂，一个馒头一盅酒，吃一口喝一口，一个老头走一走，一个妞儿扭一扭。"从一数到六，这是侯门独有的一小段儿，当唱到"六棵槐树搂六搂，六个馒头六盅酒，吃六口喝六口，六个老头走六走，六个妞儿扭六扭"时，观众必报以热烈掌声。

七十九岁的黄铁良说："我至今还常演这个节目，每演

黄铁良(左)与任笑海演出照

必成功，这就是师父说的，真费力了自然就讨好。"他还把这个节目教给北方曲校的小学生们，孩子们四人拆唱的《十八愁绕口令》参加"北京少儿艺术大奖赛"获得了好成绩，老人感慨不尽："这是我像他们这么大的时候在北京学的段子，现在教给他们，又来到北京演唱，这就是传承啊！"

师父侯宝林有一条得天独厚的好嗓子，不仅天份高而且悟性强，他擅演的那些学唱类节目，相声界称为"柳儿活"，《戏剧与方言》《改行》《戏剧漫谈》《关公战秦琼》《戏迷》《串调》《阳平关》等等，独步天下无人能及，黄铁良受师父影响，也特别喜欢学唱戏曲和鼓曲，虽然嗓音不如师父清甜脆亮，学起来却也有板有眼、惟妙惟肖，师父看着自然喜欢，也着意培养。

那是宣武门外香炉营五条八号，明媚清爽的初夏清晨，侯宝林坐在庭院里的一把椅子上，对面站着他的徒弟黄铁良，今天师父要给他说说新节目《王金龙与祝英台》，表现的是一位不懂戏曲也不支持职工业余活动的工会主任，为应付上级检查，胡乱点将，让擅长老生的"我"反串小生，让越剧团调来的女工演苏三，结果女工一紧张，把京剧的苏三唱成越剧的祝英台，令众人啼笑皆非。其中"我"扮演王金龙，出场有几句道白："无论皇亲贵戚，哪怕将相公卿，王子犯法与庶民，俱要按律而行。本院，王金龙！"

这几句戏词，要用正宗小生道白才会获得强烈的舞台效果,铁良念了几遍都不理想,心里特别渴望师父示范一下,师父似乎看出了徒弟的心思,向铁良说:"去,把你二舅叫来。"

二舅是师娘的弟弟,帮助师父经营药店的,这时候就住在师父家里。请来了二舅,师父对他的内弟说:"你受累,去对门儿把徐先生请过来。"

对门儿住着京剧小生徐和才,为四大名旦之一荀慧生配演小生的名角,不一会儿徐先生来了,寒暄已毕,侯先生含笑说:"我这个小徒弟要演新段子,里边有几句小生道白,麻烦您给说说吧。"

徐先生笑了:"哎哟,侯先生,您唱戏的水平,比我们有些专业京剧演员还高,这还用得着我吗?"

"哎,看您说的,我那是学着来,只是一点皮毛。这孩子还小,既然要学,就得学得正宗,让他一辈子都能用。您就别客气了!"师父说着,向徐先生拱拱手。

徐和才先生不再客气,把铁良叫到跟前,从发声、用气到节奏、韵味一一指导,黄铁良顿觉茅塞大开。

徐和才先生的一番指教确实使黄铁良受益终身,正如师父侯宝林所言:"一辈子都能用。"他后来经常上演的一段节目《五行诗》,其中有一句小生念白:"公子,杨宗保!"每当小生的龙虎音一出口,立即彩声四起。饮水思源,怎能不感恩师父的用心良苦!

晚年时黄铁良回忆师父时曾说:"我师父,值得学的东西太多了,一个是谦虚,从不炫耀自己,这点是最难得的,到了晚年,被尊为相声大师了,也从来没说过自己怎么怎么好,全国第一,从来没有过。另一方面,生活上非常简朴。你看我师父进了中央广播说唱团是最高工资了,吃东西特别简单,不是那个仨盘儿四碗儿六个碟子的,没有过,家里有好酒,很少喝,我师娘也真是贤惠,各方面照顾得也特别好。再有一个——爱好广泛,我从他身上学到的爱好,有好几点我都继承了,我师父爱打台球,现在我看体育频道,就看丁俊晖打台球,别的我也不看;乒乓球、台球,那个时候还有一个叫克朗棋,我师父都很喜欢。再有一个就是看书,我师父那些个书呀,就不计其数,什么都有,爱看爱买。我陪他上天津劝业场,那时候是老天祥,老天祥有一层是书店,陪他去买书,原版的《笑林广记》,是这书都买。还有卓别林讲表演理论的,这书他都有,整套的。师父曾经写了很长的一个如何表演相声的文章,讲述相声的结构,相声的包袱。包括斯坦尼斯拉夫斯基的书他都有,外国的作家、艺术家一些自传都有。这就是丰富自己,脑子积累多了,有了底子了,你再运用上就顺其自然,我也跟师父学,真是尝到甜头了。"

这种亲如父子的感情持续了一生一世,后来黄铁良奉师命只身赴天津,在那里安身立命,娶妻生子,尽管天津北京相距不远,每逢师父生日他也回京祝寿,但是毕竟不能像少年时一样在师父师娘膝下日日随侍、早晚问安,常使黄铁良心怀愧疚，直到侯宝林大师临终，终于有机会使铁良这一遗憾得以弥补。

那一年黄铁良年过半百，早已经在天津成家立业，他是天津实验曲艺团的演员，妻子是有名的西河大鼓演员陈凤芸，他们育有两女一子。这一天铁良忽然接到师妹侯鑫的电话，告诉他师父侯宝林住进了北京协和医院。

黄铁良匆匆赶到北京，到了协和医院门口，他想给师父买点什么吃，买什么呢？当时正是夏天，协和医院门口水果店里的西瓜翠绿喜人，对，就买个西瓜。

铁良本不善闲聊，无奈水果店的老板喜欢搭讪，问答中得知他是来探望侯宝林的，老板忽然眼睛一亮，随即在瓜堆中左挑右选，终于选中一个小洗脸盆儿般大的西瓜，往铁良怀里一塞，坚决地拒绝收钱。"侯宝林，多棒的演员，给大伙儿带来多少乐儿啊，您又是老远从天津赶来的，得了，您跑远道儿，我送西瓜，咱都表示一下心意。您跟侯先生说，好好养病，快点康复，我们还等着听他说相声呢！"

黄铁良连声道谢，心里感慨万端，这就是一个杰出的演员在观众心中的位置，水果店老板的祝愿，又何尝不是他的心愿呢。

走进单人病房，师父看见抱着大西瓜满头汗水的黄铁良，开心地笑了："小子，你来了！"铁良听着这熟悉的称呼，鼻子一酸，不过看师父人虽消瘦，精神很好，他的心里总算安稳了一些。

师父吩咐侯鑫打开西瓜,嘿,脆沙瓤,老人只吃了一点点,其实是对徒弟的安慰。听说水果店老板送西瓜的事,老人乐了,连声嘱咐:"一会儿你走的时候别忘了到店里告个别,替我谢谢人家。"

从北京回来,黄铁良以为师父会逐渐好转,没想到一个多月以后,侯鑫又打来电话,让二师哥赶快到北京301医院。

在301医院看见师父,黄铁良不禁心中一惊,不仅人更见消瘦,而且精神大不如前,他这才知道师父的胃部被整体切除,只能靠输液维持身体。

那正是耀华、耀文两兄弟最走红的时期,他们忙于演出、拍戏,侯鑫孩子正小并且还要照顾侯夫人,儿女们心有余却力不足,而侯先生则需要昼夜有人守护,301医院只允许一位家属留守,为了便于与医生沟通,以固定一人为最好,侯鑫只得请来诸位师兄商议。贾振良、贾冀光、丁广泉、殷培田等,还有天津赶去的黄铁良,聚在一起商议,大家都愿意照顾师父,这反倒让小师妹为了难,因为她心里有说不出口的顾忌:首先,这样的陪护不是一天两天,长期相处中病人与陪护者能否合得来非常关键;再有,长时间伺候吃喝拉撒,不仅需要体力,更需要耐心细心;同时她知道有的师兄喜欢喝点小酒,这在医院是绝对不允许的,如果因此引起医护人员的反感,那将是极为麻烦的一件事。犹豫再三,侯鑫终于做了一个决定,由老人家在几个徒弟中亲自挑选一位担负照顾他的重任。

侯宝林老人躺在病床上，看着眼前的几个徒弟，只一小会儿，他微微一笑，用手指着二弟子："铁良留下吧！"

侯鑫轻舒了一口气，黄迎秋与侯夫人王雅兰情同姐妹，当年常常帮助照看年幼的侯鑫，侯鑫跟铁良二哥的感情比跟别的师哥亲近得多，她知道这位师哥性情温和、做事细心，尤其在天津常年精心伺候瘫痪的岳母，是业内有名的"好姑爷"，并且他跟师父情同父子，父亲在诸多弟子中对二师哥尤其偏爱，甚至于慈父的情意更多于严师；有二师哥在父亲身边侍奉，她彻底放心了。

黄铁良匆匆赶回天津，略微安排家事，当时天津正在大规模进行旧房改造，黄铁良家正临拆迁，已经搬离了老住房，暂时借住别处，等待回迁。深明大义的陈凤芸看出丈夫已经把一颗心留在 301 师父的身边，并且她是曲艺世家出身，自幼作艺，深知对师父尽孝乃为人弟子之天职，于是便毫不阻拦，毅然担起全家的衣食起居，支持丈夫去北京照顾师父。

这一去就是一年半！

侯宝林所住北京 301 医院的单人病房，是一个里外的小套间，小外间有一个小冰箱，跟里间的病房隔着一道玻璃门。病房里设施齐全，黄铁良每天夜里在沙发上和衣而卧，其实根本睡不着，他时时关注着师父，哪怕是一个细小的动作、一声轻微的咳嗽，他都要起身看看，确定无碍方才放心，他就这样守在师父身边，度过了一个又一个不眠之夜。

301 医院食堂的伙食不错，每到吃饭时间，师父就嘱咐铁良买好菜买贵菜，这一天中午，师父又催他去吃饭了："铁良，到时候该吃饭了，去吧，买好菜，挑你爱吃的、挑贵的买。"

铁良答应着，一路小跑，为了快去快回。那天买的炖鸡腿，他站在小外间的玻璃门前，这样一边吃饭一边还可以看见病床上的师父，他不愿意进里间去吃，他想师父整个胃都被切除了，根本无法进食，全靠输液维持，自己在他身边吃饭，恐怕对病人心理形成刺激，即便师父不在意，他也会感到难过。这样想着，他站在玻璃门外，一边吃饭，一边不停地往里间张望，忽然，他看见师父在招手，肯定有事，铁良赶紧放下饭盒，推门进去：

"师父，您叫我有事？"

"来！"师父又招招手，"坐我身边来。"

铁良乖乖坐下，听师父说话，师父问他："铁良，你怎么在那儿吃饭啊？怎么不进来坐下吃啊？"

"哦……"徒弟一时语塞。

师父慈祥地笑了："你是看我吃不了东西，怕我馋啊？！我这一辈子，什么好东西没见过、什么好吃的没尝过啊！我不馋！我愿意看着你吃，你能吃我高兴，你吃饱吃好，才有体力照顾我呀！你在我身边，我安心！"

面前这位老人，那是一代相声宗师，舞台上光彩照人、挥洒自如，风靡了全中国，迷住了多少人的心。此时此刻，在对徒弟倾诉心声时，却显出了面对病魔的力不从心，黄铁良禁不住一阵心疼。因为敬爱，他心疼；因为心疼，他更加尽心尽力，他觉得这是上天在给他一个尽孝的机会，好让他在今生永无遗憾。

长期卧病在床，与病痛同样折磨人的是难耐的寂寞，师父精神好的时候，会跟徒弟说说旧年往事，有时候也会谈及艺术心得，有一次闲谈到传统相声《卖布头》，侯老说："京津两地，公认《卖布头》说得不错有三个人，天津的阎笑儒、于宝林还有我，有人非问谁说的好，这就有点儿没必要了，本来就是见仁见智嘛！客观地说，我们三人各有优点，阎笑儒韵味好，纯正沉稳；于宝林冲劲足，高亢洪亮；我比他们嗓子好，就算是歌唱性强吧。各人条件不同，自然就有各自的演法，他们二位我很服气，我不敢说比人家好。"黄铁良回忆，从师学艺几十年，师父谈过很多艺术见解，但是从未贬低过任何人，总是指出谁的哪一点好，谁的哪一点我比不了，观点客观，态度诚恳。

更多的时候，是师徒相对无言，铁良一是不善言谈，二是怕多说话耗费病人的体力精力，所以很多时候，病房里只有电视机低低的声音，好像背景音乐，不是谁想听，而是用它打破一点沉寂。

最让师徒俩喜欢的是邻居们的来访，侯老夫妇与多年的老邻居们关系亲密，侯老住院，邻居们隔些天就会来探望，他们不是行业中人，不请教艺术也不议论是非，只谈一些陈年趣事、时事新闻，每当这个时候，侯老就显得特别开心，仿佛病痛也减轻了一点，有一次邻居们来时，电视里正在播一部连续剧，其中有一个反派人物，作恶多端的"王道士"，大伙便评论说，这王道士太坏了，他怎么没有名字呢？侯老在病床上接口道："有啊，叫王八蛋！"嘿，既符合他的姓氏，又符合他的人格，这个小包袱儿逗得大家齐声大笑，侯老只把嘴唇微微一撇，完全是台上包袱响了之后那个习惯神态。

于是黄铁良就特别珍惜老邻居们的来访，师父哪怕有片刻病痛缓解都是他的快乐。这一天几位邻居又来了，还有一位带来了一副扑克牌，因为侯先生喜欢打百分，大家要陪他玩儿几把，老人顿时兴奋起来。可是难题又来了，侯老半躺在病床上不能坐起身来，既是因为输液胳膊上有针头，也是因为身体过于虚弱，医院里松软的枕头根本无法撑起他的上半身，看见师父失望中带有几分沮丧的神情，铁良一阵难过，忽然他灵机一动，对两位邻居说：

"您二位受累，把我师父扶起来。"

二位邻居一边一个架起侯老，一位还问："铁良，这是干嘛？"

黄铁良也不回答，极快地上了床，跪在师父身后，用左

37

肩膀抵住了师父的后背,老人终于坐直了。

师父吃了一惊,连声说:"铁良,别、别……"

黄铁良的声音倒显得十分轻快:"您看,这不就行了嘛,您跟大伙打两把,看看赢得了人家吗?"

客人们也大为感动,竟然愣在原地,其中一位回过神来,声音打战地说:"这是人家做徒弟的一片孝心,来吧,咱们陪着侯先生玩儿两把。"

倚在徒弟的肩膀上,师父打了两把牌,虽然牌局匆匆结束,却给病中的老人带来了久违的快乐,而黄铁良心中也感到极大的快慰。

这样的陪伴日复一日,竟然坚持了几个月,连春节都没有回天津与妻子儿女团聚。虽然黄铁良极尽孝心,尽力伺候,师父还是在那个寒冷的冬日里远远离去了。那一天正是正月初二。

师父仙逝,铁良自觉尽孝已毕,也实在惦记天津的妻儿老小,便跟师娘告别准备回家。

相伴半生的丈夫离开人世,侯老夫人彻底垮了。她知道老伴最后的时光是由铁良陪伴度过的,她更知道这个徒弟为老

黄铁良为师父侯宝林守灵

伴付出了怎样的辛苦,拉着徒弟的手,她百感交集,嘴唇颤抖却说不出话,只有不停地流泪。

"师娘,您自己注意身体,我会常来看您。"黄铁良安慰师娘。

老太太点点头,依然说不出话,抬起含满了泪水的双眼,拉着徒弟的手久久不肯松开。

看着悲伤虚弱的师娘,感觉到那双不肯松开的手是那么冰凉,黄铁良的心中隐隐作痛:"师娘,别难过,我先不走,再陪您几天。"

"这……"侯老夫人犹豫了,毕竟,铁良在天津还有妻儿老小。

铁良看出师娘的心思,语气更加坚决:"过去学徒,出师以后得为师父效力一年,当年我师父把这一条免了,没让我效力。师父没了,我得把这条补上,我要伺候师娘一年。"

就这样黄铁良又留了下来,照顾年迈体弱的师娘。正赶上铁良的母亲身体也不好,他就在两位老太太之间来回跑。

对于刚刚失去老伴儿、身心交瘁的师娘,铁良格外细心周到,买菜做饭、端水奉茶、聊天解闷,侯老夫人在徒弟的照顾陪伴下身体慢慢好转,心情也逐渐平复。细致勤快的黄铁良不辞辛苦,侯鑫工作太忙,他就帮助接送孩子去幼儿园;耀华耀文两兄弟出外拍戏、演出,他也去帮助照应家小。正如他自己说的："侯家的事就是我的事,甚至比我自己的事更上心。"直到一年后,师娘的精神、身体完全恢复,他才放心地回到天津,回到妻子孩子身边。

他果然说到做到!

因为对师父师娘的孝心义举,同门师兄弟都对铁良敬佩有加,侯氏兄妹自幼就跟二师哥感情深厚,此时更是对这位师哥感佩不已。

这一天耀文打来了电话:"师哥,最近忙吗?"

黄铁良与侯耀华在一起聊天

那时候实验曲艺团十分不景气,所以对师弟实话实说:"不忙,团里半死不活,演出时有时停的。"

"那好啊,跟我走几天,我这有个穴。"耀文听了挺高兴,"走穴"是曲艺演员的"行话",指本单位之外的演出。

"不去!"斩钉截铁之后,铁良忽觉不妥,毕竟不是当年,如今耀文已经名满全国,成为同代演员中的领军人物,况且又是一片好意地邀请，于是赶紧和缓语气，"耀文你看啊，师父有病期间我在北京待了那么些日子，这边还有很多事呢。"

侯耀文并不计较师哥的态度，只是觉得有点意外；"师哥，您不刚说了你们团不忙嘛！跟我走一趟，演几场，对您来说还算事吗？"

"兄弟，我知道你的意思，"黄铁良微微沉吟，推心置腹地说，"我知道你想让师哥挣点钱，可是我不能去。我现在跟你去走穴，有人会说我前段时间伺候师父师娘动机不纯，是为了图你带我挣钱，这对咱们哥儿俩、对咱们侯家都不好。我伺候师父师娘，你照顾我这个师哥，都是真心实意的，让别人误会了就不好了，咱们不能落这个！"

练达世事如侯耀文者，怎能不了解师哥的心思，不由得暗挑大拇指：这哪是"咱们"不落这个呀，分明是人家黄铁良不落这个！我这位师哥，不言不语，心里太有数了！

或许用当下的观点来看，黄铁良此举未免迂腐，但是他自认为理应如此，他不愿意让自己与师父师娘以及侯氏弟妹们的感情染上一点点世俗的微尘，哪怕是无意的甚至是善意的。

此后，黄铁良对人绝口不提伺候师父师娘一事，即便有人问到，他也只是含笑点头，而不愿多说。他更愿意多谈师父对自己的栽培、教诲、关切和疼爱，他常常说自己此生最大的收获一是少年时拜入侯门，二是青年时来到天津，

41

而他只身赴津,也是师父侯宝林审时度势为徒弟指出的一条明路。当年师父的一句话,注定了他的一生。

二十岁,刚刚步入最美好的青春,告别了生于斯、长于斯的北京城,去往二百四十里以外陌生的天津卫,没有慈爱的师父师娘和各位师长,没有父母、四姑和弟妹们、没有多年来朝夕相处的相声改进小组的老师和师兄弟们,孤身一人进津门,九河下梢天津卫,将怎样迎接青年黄铁良的到来呢?他在陌生的异乡,又将有怎样的经历呢?

请看下一回:津门篇。

二、津门篇

　　咣当、咣当……绿皮火车一晃三摇,从北京站出发,去往下一站,二百四十里地之外的天津。

　　这是 1958 的一天,那时候火车走得慢,可以看风景,却实在没有什么风景可看;如今京津沿途花树成海、姹紫嫣红、桃粉梨白、争奇斗艳,却又因为"和谐号"的如风飞速而无暇观赏,有时候,很多事情就是那么让人无法在孰优孰劣之间做出评判。

　　列车照常正点开动,列车员按部就班地工作,旅客们找到座位,有的看报,有的聊天,远途的人们已经拿出扑克牌,不论同行还是偶遇,凑在一起玩儿玩儿,只为打发旅途的寂寞,一切都是那么平常而平静。

　　靠窗坐着的那位青年,面朝窗外似在观景,表面上看也是那么平常而平静,内心却并不安宁,甚至还有点惴惴不安,他,就是独自赴津的青年黄铁良。

　　其实,这是第二次去天津。

　　谈到由北京到天津,直至在津门生根、发芽、开花、结果的始末缘由,黄铁良这样回忆:

我由相声改进小组毕业后，先是参加"抗美援朝慰问团"赴西南慰问演出，回来后有一部分人参加了"国字号"院团，比如我师父侯宝林和郭启儒、刘宝瑞等参加了中央广播说唱团，金石、金震兄弟参加了中国杂技团等等，其余的人们几乎都进入了当时北京市文化局所属的北京市曲艺工作团，我们在迎秋茶社演出，我师父和郭先生还在迎秋攒底，演了相当长的时间。后来北京市文化局进行了进一步调整，曲艺分成了三个团，一团是魏喜奎领衔的曲剧团，二团是综合团，有单弦曹宝禄、京韵大鼓良小楼、梅花大鼓郭晓霞、变戏法的快手刘，其中只有关春山、方笑文一场相声，这个团基本就是后来北京曲艺团的底子。三团全部是相声，每天演相声大会，我就在三团。

我只在相声改进小组学习了一年多，那算打基础吧，在三团有实习的意思，基本上都是前几场，采用"老带少"的方式，由老先生赵蔼如、谭伯儒给我捧哏，在台上使什么活老先生都能给"兜"着点儿，使个《打灯谜》《报菜名》之类的节目，主要是锻炼我。我们在三团的时候曾经火了一大阵子，业务相当好。为什么？演了一个化妆相声《福寿全》，就是对口相声《福寿全》的内容，十七个人全都扮演角色，在全中国开了先河。头里先垫两场单口儿、对口儿，两段完事跟着上《福寿全》，和尚念经，真吹呀，带乐器的，乐得观众前仰后合，这了不得，效果相当强烈。所有北京的，天桥大剧场、人民剧场、圆恩寺，这些个大型的场所基本上全演了《福寿全》化妆相声，相当的火爆。还有"灵人"，就是真人扮成纸人儿，我们这四个童男童女，四个都是真人，往那一站给你什么样的动作，你就固定了。这个节目比如说四十分钟，你起码得在那站四十分钟，不能动弹，我扮的是童女儿，梳着小辫儿，化了妆还显得挺俊。后来有一个记者在报纸上发表文章，对这个节目有些个异议，有些看法，因为它主要情节都是灵堂里发生的事，有些看法怎么办呢？后来陈涌泉执笔，改，就改成叫《贪夫梦》，又演了一段时间，但是效果没有《福寿全》强烈，后来也就见好儿就收，干脆就不演了。

大概在 1957 年前后，北京市文化局为了进一步把更多闲散艺人组织起来，又成立了一个新中国曲艺团，包括的就更杂了，各种鼓曲，还有唱小戏的，这个团没有相声，就打算把我和给我捧哏的任笑海调过去，任笑海是马三立的徒弟。

听到这个消息我就去找我师父，师父当即就说"不能去"，因为新中国曲艺团虽然也是北京市文化局建立的，但并不在正式编制内。还有这个团无论是演出场地、演员阵容、业务水平都很一般，无论从将来的生活保障还是艺术发展上，对我都很不利，师父替我想得是非常周到的。最后师父特别郑重地说："要经风雨、见世面,你要去天津锻炼锻炼。"

就这样我和任笑海到了天津,先是在南开区相声队,没过几天任笑海恋家回了北京,我一个人留下了。在南开区待了不短的一段时间,跟很多老先生合作过,像李洁尘、冯立章、冯立铎、张振歧、耿宝林这老几位都给我捧过哏,姜宝林、李鸣歧、小可怜张佩如等前辈,还有几位女演员,魏文华、张文霞、耿宝林的爱人耿雅林,我们都在一起演出,业务上实在是受益。

可是当时南开相声队的生活条件太差了,没有食堂好办,吃得简单点没关系,住处没办法解决是个大问题,在哪个园子演出就得搬着铺盖卷住在后台,经常是几张长板凳一合就是床。后台也很简陋,尤其冬天非常难过。这些我都没跟师父和家里的父母说过,我觉得这都没什么,能在天津学艺演出,接触这么多技艺精湛的老先生和懂行的观众,我特别满足。我知道这也是师父让我来天津的本意。

到天津日子不短了,我就回北京看看师父师娘和父母弟妹,见了师父他自然问起天津的情况,我就如实禀报了。师父听了我的情况,尤其是生活情况,觉得很心疼,说这可不行,怎么着也得有个安稳住处。于是提出让我再回天津时,去找老艺人班德贵,请他介绍参加和平相声队,他在那负责。班先生跟我师父是把兄弟,关系极好,这样就等于师父把我托付给班先生了,请他多加照顾,拿着师父写给班先生的一封信,我再次进了天津卫。

于是有了前边火车上的一幕,带着师父侯宝林写给班德贵的推荐信再次赴津,这一次等于是师父把铁良送到天津。

寻访班德贵,黄铁良来到天津南市。

在当时,南市是天津著名的娱乐地区,各种演艺人员聚集于此,书馆茶社林立。大娱乐上演综合曲艺,大娱乐的玻璃门外是一片大空场,号称"大把式"的女武术家李文贞带领全家在此当街卖艺。再往前走,就是老牌相声场子连兴茶社,和平相声队长期在连兴茶社驻场演出,剧场内部还是老式结构,当中一张大桌子,四周摆着几圈长板凳,场子一角有一个小门儿,挎着一个小房间,是演员们候场、休息的地方,黄铁良就是在这个小房间里见到了班德贵。

班德贵看了好友侯宝林的亲笔信,又看看眼前的年轻人,安详文静,一看就是个规矩孩子,侯宝林的徒弟,能耐也不会太差,只是年纪还轻,台上怎么样,还是得看看。

说看就看,班德贵一扬头,喊了一声:"刘老姑,您来一下!"

应声而至的是一位女演员,人到中年,稳重大方,班德贵一指黄铁良:"这是侯宝林的徒弟,他师父介绍他来咱们这儿，一会儿您给他量一个吧。"又转头向铁良说，"你师父介绍来的，我相信没问题，不过咱们也得试试，一会儿，让刘老姑给你量一场。"

黄铁良恭敬地点点头，又向女演员叫了一声："刘老姑，您多关照！"

刘老姑名叫刘玉凤，"老姑"是后台的"官称"，此时微笑着看看这个年轻人："好说好说，你使什么活啊？"

"嗯……《八扇屏》吧！"黄铁良知道，这就等于是入队考试，初次亮相，至关重要。《八扇屏》是当年在"相声改进小组"由罗荣寿等几位先生亲自教授、几经锤炼的节目，有人物、有情节、有身段、有贯口，略一沉吟，他决定就演这一段。

上一场的一对演员下来了，黄铁良和刘玉凤从小门走出去，站到桌子旁边。观众见刘老姑陪着一位陌生的年轻人上场，全场精神一振，闲聊的不再出声，喝水的放下茶杯，刚才还略显杂乱的场子顿时安静下来。

简洁的垫话，熟练地入活，小孩子、粗鲁人、莽撞人……一路下来，贯口流畅、神完气足自不必说，而且快慢有致，强弱得当，人物刻画更是生动、鲜明，一下子吸引住了见多识广的天津观众，一段说完，鼓掌声、喝彩声此起彼伏，天津人就是这么给面子！

后台，一直注意听着的班德贵舒心地笑了。

一炮打响，连兴的老观众们对这个北京来的小青年印象颇佳,天津的观众人人都是"艺术评论家",新人出现,焉能放过这个发表艺术见解的机会!

"二哥,您看这小伙子,不愧是侯宝林的徒弟,活使得真不错。干净利落,包袱儿还又脆又响。"

"您算是说对了,这是侯宝林的入室弟子,得着真传了。这北京的路数、北京的味儿,跟咱们天津的还真不一样。"

"二位高见!这么说吧,甭管哪个路数、甭管哪个味儿,只要是正宗相声味儿就行啊!"

……

一时间这个名叫黄铁良的北京小伙儿成了连兴的舆论热点,对于他的表演,观众更是赞赏有加,上得台来掌声四起,包袱响处喝彩连连。班德贵、刘玉凤等前辈一度曾觉得此风不可长,年轻人初出茅庐,赞美声听多了难免头脑发热,对于今后的成长实属不利。

班德贵私下还跟刘玉凤说过:"你看,侯宝林把徒弟推荐到咱这,人家这是信任咱,要是看到不好的苗头不提醒,我感觉不大合适。"

刘玉凤更沉得住气一些,考虑一会儿说:"现在看出的苗头,是打观众那来的,铁良这边我还没看出骄傲的意思来,依我说再看看,这孩子真被捧晕了,咱们再说话也不迟。"

再看看,老几位放心了,黄铁良并没有得意,更没有忘

49

形,他知道并不是自己艺术多么高明,连学带干不过几年时间,能高明到哪呢! 实在是天津观众喜欢艺术、扶植新人,他更明白了师父把自己送到天津的一片苦心。

1940年, 青年侯宝林在北京崭露头角, 随即来到天津,第一天以自己最擅长的学唱节目"打炮",白天一场是《空城计》,晚上一场是《改行》。一上台,儒雅飘逸的风度令人耳目一新;一张嘴,脆亮清朗的北京口音,"时方才"三字一出口,即有彩声传来,接着,那清新简洁的语言、传神动听的说唱,赢得了沽上知音的高度赞赏,旋即红遍京津,继而风靡了半个中国。黄铁良清楚地记得临行时师父的嘱咐:"天津观众懂行、会听,他们眼里不揉沙子,你或是学艺不精,或是偷奸耍滑,他们毫不留情,"倒好"是轻的,卫嘴子损你几句,不好听你也得听着。他们可又绝对不埋没人,只要你作艺认真、严肃恭谨,即便有点纰漏也能担待,如是技艺精湛,那天津父老是不会吝惜掌声喝彩的。"

黄铁良此时感到师父的话真是句句珠玑,确实是他老人家的亲身体会,而自己遵师命来到天津,这一步真是走对了。

在连兴的演出十分顺利,黄铁良活泼灵动,刘玉凤老道沉稳,这对组合很得观众认可。这一天是《打灯谜》,刚下场,班德贵就把黄铁良叫住了。

黄铁良站住:"您有事?"

"今天这个垫话,以前没听你用过。"

黄铁良想了一想,今天是这样的:

　　甲:您是相声界的老前辈了。

　　乙:哎哟,不敢当!

　　甲:哎,您可别客气,我得向您学习,我得向您看齐,我不能跟您脱离,跟您脱离就不能解决问题。

这样在脑子里飞速地过了一遍,黄铁良肯定地点点头:

"是,我在咱们这儿是头一回使。"

"啊!"班德贵微微一笑,"感觉效果怎么样呢?"

"嗯,"黄铁良有点不好意思,还是实话实说了,"效果很一般。"

"跟你想的不一样对吗?你原想应该效果很好对吗?知道什么原因吗?"望着睁大眼睛的年轻人,班德贵又笑了,"这个不成啊爷们儿,你这个垫话没问题,你使的尺寸也对,可是,你的伙伴不对。你这个垫话要是跟男人使,那是一点儿问题没有,可现在你的搭档是女的,这就显得不太合适了,容易让人往别处想。刘老姑又是长辈,天津观众对演员要求高,他会觉得你不太尊重。咱们使活不光要看观众'把点开活',还要看搭档、看环境、看场合,这可是

51

经验啊。"

黄铁良恍然大悟,他感激地看着班德贵,这可是多年积累的宝贵经验,堪称金玉良言。天津老前辈真了不起,天津观众也真严格,师父说"到天津经风雨、见世面",他可是有了切身体会。

在全国有名的大城市中,与北京相距最近的天津,是一个独特的地方,九河下梢、渤海之滨,天津卫拥有京都门户特殊的地理位置,漕运文明将五湖四海的国人汇聚于此,很快发展成为繁荣兴盛的水陆大码头,丰满繁华包容活泼的码头文化随之产生。这里今古兼备,中西贯通,土洋并行,每一个人都会在沽上津门找到引起内心共鸣的那个地方,无论那是一座有百年历史的高楼大厦还是一条只有几户人家的短小胡同。

而最能代表天津城市韵味、至今依旧堪称天津符号的,还应首推戏曲曲艺文化。其中,曲艺这门由"撂地"发展而来的民间艺术,以它特有的清新质朴、诚挚率真尤其赢得了人们的喜爱,天津卫这个大码头,拥有数不胜数的技艺精湛的杰出艺人,他们把由市井而来的生活素材打磨修饰,再将其以一个睿智而精彩的全新模样还给市井,无论下野权贵、巨贾富商、文人雅士、城市平民还是生活在最底层的贩夫走卒,都能在艺人们的表演中体味到共同的快乐,同时也感受着截然不同的人生况味。而在卖艺为生者眼里,观众从无高低贵贱之分,皆为衣食父母,鼓掌喝彩后施以分厘即是正人君子,故素有"没有君子,不养艺人"之说。特有的文化观,演绎出天津卫独有的生活画面。

20 世纪 50 年代,就是黄铁良由北京来到天津的时期,正是天津曲艺蓬勃发展的高峰时段,除了享誉全国、实力雄厚的天津市曲艺团,天津的各个区县都有自己的曲艺表演团体,和平、南开、红桥都是区县中的强队,而实力最强的当数和平。

和平区相声队里既有久已成名、捧逗俱佳的阎笑儒尹寿山、于宝林冯宝华两对名闻遐迩的"火档"以及班德贵、李鸣岐、耿宝林、赵心敏、张嘉利、于幼福、刘玉凤等老演员,又有刘文亨刘文贞、高英培范振钰两对风头正健的后起之秀。

刘文亨与黄铁良同龄,世家子弟,从小耳濡目染,又有前辈名宿杨少奎精心调教,可算少年成名。虽然年轻,但是沉稳庄重,文静大方,尤其有一条得天独厚的好嗓子,京评梆越,歌曲鼓曲,学唱起来无不惟妙惟肖;与同门师弟刘文贞搭档,已经声名鹊起,成为同龄演员中的佼佼者。

高英培稍微年长,聪明机敏,学艺刻苦,受一代大家赵佩茹严格督教,以说逗见长,表演热烈火炽、激情洋溢,他的搭档范振钰朴拙呐言,却又常有意想不到的惊人之语,二人一动一静,相映成趣,相得益彰,场上的热烈程度一时少有人及。

在这样的艺术氛围里,黄铁良心情舒畅、如鱼得水,尽管生活仍然艰苦,却没有丝毫抱怨。几十年以后,回忆起当时的情景,他仍然难掩激动,说起各位前辈、同辈的优长如数家珍,并且反复强调那些年的同台演出"使自己受益匪浅"。

半个多世纪以后的一天,在北京丰台,一座现代化剧场建成开业。开业伊始,每逢周六特约北京天津两地相声名家登台献艺,这一天请来的是天津茶馆相声的代表人物黄铁良和尹笑声。照惯例,剧场经理先是恭敬客气地道辛苦,然后便问二位"演哪一段"。

"就使《报菜名》吧。"黄铁良说。

"黄先生,上周我们请的是天津的李伯祥先生,他演的也是《报菜名》……"言下之意非常明显,李伯祥是有名的"快嘴",贯口一绝,同一段节目且在李伯祥之后表演,观众难免有所比较。

"经理,您就出海报吧。"黄铁良胸有成竹,尹笑声微笑不语,经理虽然有些忐忑,却也不好再说什么。

转天的演出,黄尹的《报菜名》大获成功,掌声雷动得与上周不相上下,剧场经理大喜过望,禁不住鞠躬作揖,连称"各有千秋"!

同样的"菜单子",李伯祥是快而不乱、清晰流畅、俏丽多姿;黄铁良则是节奏鲜明、错落有致、举重若轻,如此鲜明的个人特色,皆是当年多经名家教诲,多看多学的结果。

话说当年,在和平区,除了相声队,还有曲艺队和书曲队,曲艺队主要演员有张伯扬、金慧君(小黑姑娘)、阎秋霞、侯月秋、周文如、乔月楼、杨曼华、乔凤楼、刘凤霞、李想容、二毓宝、魏文华等,主要乐师有韩德荣、胡宗岩等。该队演出的曲种有京韵大鼓、梅花大鼓、单弦、天津时调、河南坠子、二黄清唱等。

书曲队演出的曲种有西河大鼓、京东大鼓、辽宁大鼓、评书等,演员有郝艳霞、郝秀兰、陈凤芸、张连仲、赵田亮、马正明、张起荣、田起山、田荫亭、李凤兰、杨文艳、左田凤、王艳秋、马宝山等,弦师有王连凯、贾庆华、孙正兴等。每日每位演员各在一个书场、茶社连续说唱长篇书段,书目有《杨家将》《呼家将》《隋唐》等。

就在黄铁良参加和平相声队的当年,和平区文化局决定把三个队合并,并增设魔术杂技队,主要演员有于德海、冯书田、孙杰、曹企、鲁飞、马国良、王殿英等,成立和平区曲艺杂技团。

和平区曲艺杂技团真可谓名将云集,阵容强大。

如此强大的阵容,哪一位在天津卫都够得上"名角",因而 1958 年到 1965 年这个团实行经济自给,还有较大盈余,便是理所当然了。同时还成立少年训练队,全团演职员达到一百四十余人。

团部设在南市新华池浴池的旧址上,一楼是办公室,二楼用木板隔出了一些简易小屋,给家不在天津的演员们住,黄铁良也终于居有定所

和平区曲艺杂技团刚刚成立,大家干劲十足。随着"大跃进"的热火朝天,文艺界说新唱新势在必行,相声队一个月要创演几十段新节目,为此,黄铁良和班德贵编演了《这山望着那山高》《大喜事》等很多反映现实生活的新段子。虽然这些节目属于急就章,艺术上比较粗糙,不能传世,但对黄铁良这位青年演员来说,确实深入了社会,观察体验了生活,开阔了眼界,拓宽了视野,丰富了创作素材,锻炼了业务能力。

那是黄铁良生命中至关重要的一个阶段,尽管速成的创作没能留下传世作品,却天作巧合,成就了一段半个多世纪相濡以沫令人羡慕的美满姻缘。

和平鼓书队囊括了天津市最强的说书阵容。单说西河大书,有公认的郝、艳、田三大家,和平鼓书队就有其中二位掌门人,郝艳霞和田荫亭。其他演员和评书、京东大鼓、辽宁大鼓众位也都是身怀绝技,久负盛名,当年天津卫大大小小书馆林立,长书演员们各据一隅,各展风采,各有各的拿手书目,各有各的忠实观众。

提到说书先生,人们都会习惯地想到睿智长者,久经世故,洞察人情,充满了对人生的体味感慨;或者是中年男子,深沉持重,嗓音雄厚,平和的讲述中隐隐透露出端肃尖锐。可偏偏,在天津卫,有名的说书人中,却有一位说演西河大鼓的年轻姑娘,擅演《薛家将》《杨家将》等长篇书,年纪只有二十出头,却是口齿清脆、叙述明晰,塑造人物细致传神,神态动作精准生动,再加以高超的唱功,赢得了观众的特别喜爱,这位姑娘就是陈凤芸。

陈凤芸是曲艺世家出身,父亲陈贵昌是东北大鼓演员,虽然是半路出家,却是出道即红,后来辗转来到天津,很快成为名角,成家立业,娶妻生子,只可惜过世太早。长子陈树宽、长女陈凤茹和幼女陈凤芸都继承父业,做了西河大鼓演员。特别是小女儿凤芸,八九岁时就跟随名演员左田凤张起春夫妇学徒,聪明伶俐,学艺刻苦,十几岁跟着哥哥姐姐说书,小小年纪就崭露头角,如今已经红遍了津门。

幼年丧父,陈凤芸对父亲的记忆非常模糊,与此同时,母亲带着自己的老娘和四个子女相依为命的艰苦日子却深深印在她的脑海里。两兄一姐相继成家,自己也学徒期满、独立登台并逐渐走红,而她与母亲依然形影不离,每天说书挣来的钱一分不留,如数交给母亲。母亲也对小女儿格外疼爱,常常陪在身边,既是陪伴也是保护。需知凤芸正值青春年华,色艺俱佳,爱慕者众多,而她本人又单纯正直,一心一意就想说好书、成好角,想挣钱孝顺老母,想多给侄子侄女们买点吃的玩的,这样的姑娘让妈妈既疼爱又担心。

说新唱新,在保留传统书目的同时,要大力创作演出新节目,团领导跟陈凤芸商议,一致选定当时很流行的一部长篇小说《苦菜花》,要把这部小说改编成西河大鼓。

《苦菜花》是作家冯德英创作于 20 世纪 50 年代中期的一部三十多万字的长篇小说,这部革命历史题材的文学作品在 1965 年被搬上银幕并红极一时。小说围绕着以母亲为首的几位女性形象展开,通过讲述那个特定历史时期女性的故事,构成一组女性群像图,并借此反映革命历史时期阶级斗争的残酷性、复杂性和艰巨性。主人公母亲的形象完整丰满、生动鲜活,具有相当的典型意义,为我国社会主义文学的人物画廊增添了一个光彩夺目的艺术形象。这部小说拍成同名电影,由著名演员曲云塑造的母亲深入人心,也是新中国电影史上的一个出色的人物形象。

西河大鼓擅演历史题材的故事,像《薛家将》《杨家将》

《呼家将》《前后七国》《封神演义》等，由于是长篇大鼓，一般情况下只有故事梗概，而没有严格固定的台词脚本。以说为主、以唱辅之的表现形式是非常灵活的，每每说到人物内心活动或者描写人物动物、描绘风光景色的时候，演唱一段，既推进故事发展，也调剂现场情绪，表演看似随意，对演员的要求却极其严格，哪里说哪里唱，哪些需要简介哪些需要细讲，怎样才能吸引观众，这样的表演经验绝非一天二日之功，这是多年舞台生涯积累的丰富经验。

一部长篇大鼓，通常要说三四个月，故事情节曲折复杂、跌宕起伏，人物多则几十人，少则也有十几人。复杂的故事、众多的人物、景物器具、环境风景以及各种诗词赞赋，起初，只靠口传心授、强记硬背，之后就是久演久熟、烂熟于心了。

因为没有固定的文字脚本，所以在长篇大书的表演中，在情节、人物、语言等等方面，有时候难免出现一点小纰漏，而经验丰富的演员总能不为人知地巧妙地加以化解，即使观众有所察觉，也只是会心一笑，有的还因为欣赏演员的应变能力而当作一件趣事善意地传播，成为曲坛轶事。

唱段方面，演员多采用江阳、言前、中东等比较宽泛的辙韵，为了压上韵脚，常常出现不合语法的所谓"水词儿"，比如把战马唱成"马走龙"、把地面唱成"地溜平"、把大刀唱成"斩将钢锋"等等，久而久之，这些水词竟成了大书演唱时的通用名词。在传统书目中,这样的词不仅无伤大雅,还有一种别样的情趣。

现在,摆在陈凤芸面前的《苦菜花》,是一部新书,首先是情节的推进和人物的塑造,现实题材不同于传统内容,没有现成的套路可参考,同时也不允许出现水词儿,这样就必须熟读原著,然后总结出详细的提纲,也就是行话说的"梁子",顾名思义,就如同盖房子的四梁八柱,也就是故事的骨架结构。陈凤芸幼年从艺,文化底子薄弱,做起来显然非常吃力。于是和平曲艺杂技团的孟团长和班德贵、于佑福等几位负责人一商量,决定找人帮助凤芸整理《苦菜花》,只要清晰准确地把书梁子整理出来,像陈凤芸这样经验丰富的演员,一定会说好这部新书。

于是,这项任务就落在了上过五年高小的"文化人儿"黄铁良身上。

多年以后,还有晚辈问起这段姻缘,陈凤芸老人坚持说"就是于佑福他们几个人商量好的",大有"上当受骗"后恍然醒悟的感觉。

同龄的两个年轻人,都正值花样年华,凤芸身材高挑,鹅蛋脸上一双黑白分明的大眼睛,梳着长辫子,纯美温和,再加上多年舞台生涯形成的潇洒大方的风度,在人群中真如一只高雅美丽的天鹅。铁良是一个精力充沛的小伙子,清秀白皙的脸庞,炯炯有神的大眼睛,浓密的黑发梳成分头，总是文静的微微含笑，像一位刚出校门的大学生。

如此郎才女貌的一对儿，长辈和哥哥姐姐们有意撮合，也是人之常情。

月下老人的红线一拴，有情人就走到了一起。那阵子黄铁良和陈凤芸每天一起研究《苦菜花》，故事情节、人物关系、重要事件，人名、地名、武器名，都得条理清楚，背熟还不够，还要理解消化，变成凤芸习惯的语言，再声情并茂地讲给观众听，这可是个大工程。两个年轻人每天在一起，日久生情，那是再正常不过的了。

演出结束，女孩子自己走夜路不方便，以前都是剧场里热心的职工师傅们送凤芸回家，现在，这项美差也顺理成章地由铁良担任了。从团部所在地南市，到凤芸家住的保安大街，路程虽然不长，走的次数却不少，那些同行的夜晚，他们谈到很多相似的经历，凤芸也在1951年跟大哥树宽一起参加"抗美援朝慰问团"，回津后还获得"劳动模范"称号；海政文工团挑选兄妹二人入伍，因为老娘舍不得小女儿，所以大哥一人参军；铁良也说起自己在相声改进小组学艺的往事。而凤芸说得最多的，是自己的父母和家事：

　　我父亲在我三岁时就去世了，他的事都是我妈妈和姥姥告诉我的。我父亲是东北人，这么说我的祖籍就是东北了。我们说书界有一位老前辈叫张起树，据说，在他年轻的时候，有一天背着包去上业务，迎面走过来一匹高头大马，马上是一位军官，就在人和马错身而过的时候，张起树的帽子忽然飞了，把他吓一跳，抬头一看，不是风吹的，是马上那个军官用佩刀挑起来的。正在张起树惊慌失措的时候，那军官跳下马来，赶紧把帽子还给他，恭恭敬敬地说，我叫陈贵昌，是东北军的，我知道您是说书先生，我要跟您学说书。张先生一听，哭笑不得，说看你这样子，骑马挎刀的，这是当了东北军的官了，这么年轻，好好干，还愁将来升官发财吗？作艺苦哇，你又年龄大了，这是何必呢？陈贵昌说，不，我不怕苦，我就是爱这一行，这小官我不当了，现在就跟您走，学艺去！说着就摘下佩刀和手枪，脱了军装，交给同伴儿，就这么着，就从艺了。陈贵昌就是我父亲，因为是东北人，所以最初唱东北大鼓，因为嗓子特别好，所以一唱就火了，后来辗转到了天津，又改成西河大鼓。

我父亲到了天津以后，通过张起树认识了很多西河界的朋友，再加上父亲为人忠厚，肯吃亏、肯让人，食不欺、财不黑，所以人缘特别好，大伙也都尊敬他。他还拜了一盟把兄弟，我父亲是大哥，还有张起春、朱广田、王田顺、王田祥几位叔叔，还有一位李长江李先生。可惜父亲过世太早，说是总咳嗽，现在想来大概是肺部的毛病。父亲去世后留下我们四个孩子，姐姐凤茹最大，两个哥哥，我最小，虽然父亲在世的时候挣了不少钱,可是一家人坐吃山空,能支撑多久呢!慢慢日子就不好过了。这个时候多亏了各位热心的叔叔了,先是二叔张起春跟我妈妈说,大嫂你让如意跟我走吧!如意是姐姐凤茹的小名,这时候她十二三岁,二叔要把她领走学艺,家里先少了一个人吃饭,还能学本事将来挣钱养家,我妈妈就同意了。接着李长江先生又把我大哥领走了,也是同样用意。人家这都是替我父亲教啊,教给孩子们安身立命的本领。

我姐姐凤茹跟着张起春左田凤夫妇学艺,很快就能上台了,张起春二叔隔着三五天就来给我们送一回钱;李先生是隔几天让我大哥回家一趟,给我妈妈带点钱回来,哎呀,那个时候的人多么仗义多么善良,妈妈带着我们,就这么对付着过日子。

姐姐凤茹学了两三年,能独立上台了,二叔二婶就让她回家了,这个时候大哥树宽也出徒了,他俩就一弹一唱,可以挣钱了,日子就好过了。二叔二婶又说,让凤芸也来吧!于是我就开始学艺,跟我姐姐一样,也是二婶左田凤的徒弟,那一年我八岁。

我学徒不住师父家,早晨去晚上回,这么学了几年,到十二岁就能够上台了,师父也叫我回家了。我就跟着哥哥姐姐去演出,因为怕我小,撑不起一档买卖,开始是跟我姐姐唱对口,后来我就能独立说书了。细想想我挺幸运,一登台就火了,也没受什么罪。哥哥姐姐成家了,妈妈也老了,我跟在她身边,娘俩过得也不错。

听着凤芸娓娓道来,铁良如同听书一样,这个年轻姑娘原来有着这样的身世,三岁丧父,八岁学徒,实在不容易。他有些心疼,却不知如何表达,当凤芸抬眼看他的时候,他略显尴尬、却又实心实意地说:

"你不容易,你的老娘更不容易,应该多疼她。"

如此平常的一句话,让陈凤芸大为感动,对她来说,母亲是天下最重要的人,铁良这一句话,正说到她的心里,她不由得对这位年轻人多了一份亲近感。

《苦菜花》成功上演了,两个年轻人也越来越投缘,可是他们的关系却没有明显推进。凤芸是一个实诚姑娘,《苦菜花》的成功,让她信心大增,对说演新书更加有兴趣,准备再改编一部新书。她又选中了长篇小说《平原枪声》,对自己的婚姻,仿佛没有一点想法;铁良虽然心中有意,可是腼腆木讷,不善表达。看来,这一层薄薄的窗户纸,非得有人捅破不可。

捅窗户纸的红娘终于出现了。这位热心人可不简单,她就是大名鼎鼎的周文茹,梅花大鼓名角,容貌秀丽,唱功出色,其梅花唱腔兼具金、花两派特色,是津门十数朵艳丽梅花中独具特色的一位。

周文茹充当大媒,工会主席于佑福极力撮合,这桩婚事似乎大功告成了,大伙只等定好确切日子,办喜事、喝喜酒了,没承想陈凤芸却不声不响不表态,稳坐钓鱼台,把一众热心亲朋和满怀希望的黄铁良撂在了"地溜平"。

对这样一位姑娘,你急不得、恼不得,于佑福急中生智,想起了"杀手锏"——找团长去!

忽一日,团长把凤芸叫到办公室,劈面就问:"怎么着?"

"什么怎么着?"凤芸一愣。

"跟铁良的事,你打算怎么着?"

"我……"

"凤芸,"团长放缓语气,"男大当婚,女大当嫁,二十五六,你可不小了,你看……"说着拉开面前的抽屉,凤芸抬眼一看,半抽屉都是已经拆开的信件,"知道这是给谁的吗?"团长问道。

"不知道。"嘴上这么说,却分明看见有几个信封上写着自己的名字。

"这都是给你的,我给拆开看了,告诉你吧,都是求婚信。我还接到过好多个打听你结没结婚的电话。"团长语气更加恳切,"凤芸啊,这些信写的都是甜言蜜语,可是甜言蜜语不可信。他们光看见你在舞台上漂亮风光,可是他们知道你的辛苦吗?他们知道为一部书你得花费多少心血吗?他们知道你的脾气秉性吗?他们知道你离不开老娘吗?铁良虽然在天津孤身一人,可是咱们对他知根知底儿,他老实厚道,对你真心实意。别犹豫了!!!"

团长的一席话,推心置腹,语重心长。陈凤芸感动之余,陷入深思。

十几岁就说书,当别的女孩还懵懵懂懂的时候,凤芸就已经陪伴着书中人物经历了无数的人情冷暖、悲欢离合,因此她清楚地知道一个可靠的男人对女孩子来说意味着什么。同行同业、知根知底,安分守己、忠厚善良,这样的伴侣对于想过普通日子的姑娘来说,应该是合格的;同时她还有一个小心思,铁良家在北京,在天津是孤身一人,这样成家后自己就不用进婆家的门,而是铁良进了自家的门,自己仍然可以和母亲生活在一起,这一点大大打动了凤芸的心。

万事齐备,人们久久等待的东风终于吹来,正如京韵大鼓《大西厢》唱的:"关关雎鸠见了面,在河之洲配鸾凰。"姑娘小伙儿终于喜结良缘,在和平区曲艺团的团部,大家为这一对新人举行了隆重热闹的结婚典礼。当时正值三年自然灾害时期,经济匮乏,要什么没什么,黄铁良托人买了不多的几瓶啤

黄铁良与与夫人陈凤芸

酒,一位朋友送了点儿皮皮虾,这就算比较丰盛的婚宴了。长辈、哥姐们终于放心,两位新人如愿以偿,全新的幸福生活开始了。

婚后的生活是全新的,也是幸福的,陈凤芸是传统家庭长大的,又洞晓人情世故,对于丈夫是信任尊重,给予高度的自由;对北京的婆家,虽然两地相隔不能经常看望,但是月月寄钱从不间断。黄铁良终于结束了孤单漂泊的生活,他十分珍惜这个温暖的家,对妻子温和体贴、从不挑剔,对岳母则倍加恭顺敬重。至于老太太,一开始并不很看好这位不善言辞的女婿,说不出哪里不满意,就是觉得心里有点儿小疙瘩,这大概是那个年代所有丈母娘对新女婿的共同感受,说穿了,不是不喜欢女婿,纯粹是舍不得闺女。等到真正成为一家人共同生活,看到小夫妻恩爱和美,老人安心满意了。

一年后,黄铁良陈凤芸的大女儿冬青出世了,小宝贝的到来,使这个家庭更加充满温馨。陈凤芸幼年丧父、黄铁良少小离家,他们对家庭、亲情的珍爱比常人更加强烈,他们踏实尽心地排练、演出,老太太照顾新出生的外孙女,简单平和,宁静安好,这样的日子啊,但愿长长久久地过下去!

那是1962年的年底,这对沉浸在幸福中的年轻父母,和当时全体中国人一样,无论如何不会想到,这平静的生活就要被打破了。

请看下一回:动荡篇。

三、动荡篇

"哎,听说了吗?咱胡同口那个修自行车的三哥被揪出来了。"

"啊?三哥?揪他干嘛?"

"听说是潜伏特务!"

"特……特务???"

"可不!说他整天在胡同口待着,就是刺探情报;他修自行车那工具箱是发报机,修自行车时不是得摇那脚蹬子吗?那就是给台湾特务机关发报呢!"

"胡说八道!他,我还不知道?!他跟我哥哥是同学,五年级留了两回级,实在跟不上,老师让他退学了,回家跟他爸学修自行车,这倒学得挺快的,手艺不错,人也厚道,跟街坊邻居们从来不多要钱。他,他是特务?"

"嗨,别提了。那天有个人跟他打听,说找一个叫王仁杰的人,他说不知道,我就知道毛人凤。结果让红卫兵听见了,非说他是国民党特务。他这个破嘴呀,给身子惹祸。"

"嗨!他从小就领着咱小哥儿几个听相声去,就喜欢抖个包袱儿,这不是话赶话吗?就他,报纸都念不下来,人家台湾特务机关要他吗?不行,这事咱得跟红卫兵说说去。"

"你打住吧！红卫兵听咱的吗？别说了啊,别给自己找事！"

"那三哥……"

"行了,行了。这年头,咱连自己都不敢保,就更顾不上别人了。回家吧,别跟老人们说啊,省得他们害怕。"

这段邻居之间的对话是杜撰的,但是这情形,却是一个特殊时期的真实写照。

20世纪60年代,是新中国的一个特殊时期,那个时期的人们都熟悉一个名词:"运动"。

其实,运动一直也没停止过,那个时期过来的老人们,很多人都笑称自己是"老运动员",只是这一次,运动涉及每一个人,并且过于凶猛、凶恶又凶险了。

面对着猝不及防而又声势浩大的运动大潮,中国人全体陷入茫然失措的尴尬境地。

凡是与"文化"挨边的人和事一律成为"革命"的重点对象,文化、教育、科研……仿佛转瞬间整体崩溃,演艺团体更是难逃厄运。

从事舞台表演的演员们,无论是交响乐、芭蕾舞、歌剧、话剧这些"洋"的,还是京、评、梆、越、豫、秦、粤各剧种以及各地曲艺说唱这些"土"的;无论是鼎鼎大名的,还是默默无闻的,他们绝大部分的精力、心智都用在了自己从事的专业上,对于"运动",之前没有任何预感,事到临头也

69

没有任何对策。话又说回来,到了这个时候,那些或是久经宦海、或是学问高深的大人物都在劫难逃,又怎么能苛求艺人们呢?!

在席卷全国的运动风潮面前,个人是那么渺小无力,像被海浪掀起的沙粒一样,被裹挟、夹带着,身不由己地随波逐流。

"躲进小楼成一统,管他冬夏与春秋。"即便是鲁迅先生,写这样的诗句也只是一时气话。社会的风云变幻中,根本不可能会有一片世外桃源,微不足道的和平区曲艺团,也如一石激起千层浪,失去了往日的平静安宁。

人们被狂热冲击着失去了理智,即便有冷静的分析也不敢在人前说出来,夫妻父子兄弟,连至亲之间似乎都失去了应有的亲爱和信任,敢不敢互相说真话,竟然成了检验信任与忠诚的试金石。

这几天黄铁良显得郁郁不欢,晚上,安顿好老人孩子,陈凤芸忍不住问他:"你有事?"

"没事!"寡言的人说话总是这么简单。

"看着你像有事呢!"

"唉!你说这叫什么事?"黄铁良长长叹了一口气,"学员不练功,演员不排练,整天瞎闹。"

"小点儿声吧,"陈凤芸悄悄叹了口气,"可也是,这是闹什么呢?都在一块儿那么多年了,谁不了解谁,怎么说揪就揪出来了呢？鸣禄干什么了，就反党小团伙？"

"不就是因为鼓捣半导体收音机吗？非说他偷听敌台。"

"是呀，李鸣岐、刘文亨、高英培、范振钰，你看看他这团伙里的人，还反党？关键是他们为什么要反党啊？真不明白！"

王鸣禄，当时和平区曲艺团的相声演员，后来成为有名的相声作家，新时期相声创作的领军人物，那时候还是个小青年，被诬陷成反党小团伙头目，受了很大的冲击。

感叹着伙伴的遭遇，夫妻俩又互相叮嘱一番，无非是"少说话""别动气""咱帮不了别人，不害人就行了"之类透着无奈的宽心话。

入夜，黄铁良睡不着了，他还真有心事。

几天前，黄铁良路过劝业场，那门口有个报亭，他一眼看见一份报纸上醒目的头版头条，赫然写着"侯宝林何许人也？"他赶忙站住，哦，《红鹰快报》，买了一份报纸，打开一看，第二版还有一篇"骆玉笙何许人也？"。看完文章，铁良心里又愤怒又难过，侯宝林何许人？骆玉笙何许人？他们都是不知亲生父母为谁的苦命人。旧社会他们自强不息，刻苦学艺，用好功夫、真本事为自己争取一席之地，他们是观众喜欢的名角；新中国成立后他们热爱新中国，感谢共产党，珍惜自己的社会地位和幸福生活，珍爱自己的艺术，说新唱新，满怀激情地歌颂共产党、歌颂社会主义、歌唱工农兵，他们是人民的艺术家。自己由衷敬仰的前辈，竟然遭受如此谩骂和污蔑,黄铁良一气之下,把这份报纸寄给了师父侯宝林,想让师父心里有数,做点准备。报纸寄出,他又禁不住担心,他知道师父的境况不好,已经被中央广播说唱团"挂"了起来,看到这样的文章,会不会受到惊吓,或是气坏身体呢?不过师父是经过大风大浪的,应该不会出现自己担心的情况。这件事闷在心里让他忐忑不安,难怪细心的陈凤芸发觉他有点儿不对劲儿。

这几天风平浪静,黄铁良也渐渐安心了,但是他仍然没把这事告诉陈凤芸,他不愿意妻子为自己担心。

这一天早上,人们照例到团里上班,忽然听到通知,要召开全团大会。

这个通知让全体人员心里都有点紧张,会不会出什么事?会不会又要有人被揪出来?陈凤芸坐在黄铁良身边,想到丈夫这几天的情形,她隐隐地有一种不祥的预感。

军代表走进会议室,他肃杀的眼神令人心惊,站在讲桌后边,他扫视一下全场,"啪"的一拍桌子,会议室里的紧张气氛骤然加剧了几分。

"黄铁良,站起来!"猛然一声断喝,大家的目光齐刷刷对准黄铁良,陈凤芸的心一下子提到嗓子眼儿,她的预感不幸成真了。

这个时候,黄铁良反倒镇静了,他稳稳地坐着,抬起眼皮,用一贯的不紧不慢的声音问道:"干嘛?怎么啦?"

"你站起来!"又一声断喝。

"你先说什么事，我觉着应该站起来，自然会站。"

"你是不是往北京写信了？"

"是，我经常往北京写信，还寄钱呢。那是我的老家，我父母弟妹都在北京。"

"你给侯宝林写信了吗？"

"写了，也是经常写，那是我师父，我是他徒弟，这事大伙都知道。"

"你给他寄的是《红鹰快报》。"

"是啊，那又怎么样？报纸就是给人看的，难道光许天津人看，北京人不让看吗？"

"咳，咳！"后排有人在假装咳嗽，以掩饰忍不住的笑声。

军代表听出来了，却不好发做，只能继续对黄铁良发威："你这是偷偷给反动权威通风报信。"

"嘻！"黄铁良乐了，"报纸都登了，还用得着我偷偷通风报信吗？"接着脸儿一绷，"反动权威，得拿出证据来，我师父是权威不假，说他反动，没有证据不行！"

"你！"军代表恼羞成怒，又无计可施，猛然振臂高呼："黄铁良不老实！黄铁良必须彻底交代！"

会场上，有几个积极分子跟着喊，还有几位一边举胳膊一边嘴里哼哼跟着起哄，大部分人看看气急败坏的军代表，再看看稳稳当当坐着的黄铁良，一副幸灾乐祸的旁观者姿态。

"哼,你好好考虑!"气冲冲地,军代表走出会议室,人们也一哄而散。

这件事虽然不了了之,黄铁良却又添了一块心病,就是惦记师父。那时候社会上对一些名人的传言很多,黄铁良实在放心不下,他决定去北京探望师父。

和他有同样想法的还有一个人,那就是刘文亨。刘文亨说唱俱佳,由于嗓子特别好,因而尤以学唱著称,被观众赞誉为"小侯宝林"。作为晚辈,刘文亨特别崇拜侯宝林,而侯宝林也格外喜欢这个后辈。

黄铁良和刘文亨,两人商量好了结伴去北京。两个年轻人这个举动,在当时是太冒险了,他们很明白,如果有人追究,等待他们的将是什么。但是顾不得了,一定要亲眼看看先生怎么样,他们才放心。

到了北京,见到侯宝林,看着身体尚好,只是不见了往日的神采飞扬,显得情绪低沉。看见两个自己最喜欢的晚辈来探望,侯先生十分欣慰,怕给青年人找麻烦,一些心里话仍然不敢多说,只是说说目下境况,那当然是不好啊,接受批判,交代检讨,还停发了工资。

"师父,您得放宽了心,坏人得势一时,他不能得意一世。您的工资银行都给您存着呢,将来得拿车往咱家拉。"黄铁良恳切地对师父说。

刘文亨和黄铁良一样不善言辞,只是用充满关切的目光注视着自己最敬重的前辈,听见铁良的话,深深地点头。

侯宝林听了徒弟的话,看到铁良满脸的郑重,仿佛他预言的事情十拿九稳立即就会发生一样,忍不住轻声乐了。这个徒弟自小就是个实心眼儿,侯先生想起当年一件趣事。

那是 50 年代初,有一次在北京凤凰厅演出,不知因为什么,黄铁良和于连仲打起来了。两个小孩子,能有什么大事?无非是鸡毛蒜皮、一语不合,可是两个男孩却越吵越凶,别人镇唬不住,侯先生出言了:

"你们两个,都给我住嘴!"师父一开口,徒弟首先遵命闭了嘴,连仲也低下头,侯先生并不问吵架的原因,只是板着脸说,"现在全给我走,别来了啊!回家好好想想去,全走,走!"

两个孩子灰溜溜地走了。

转天,侯先生看见于连仲准时出现在后台,没事儿人一样活蹦乱跳,一连三天,自己的宝贝徒弟却没露面,不禁心里暗乐,回家当笑话讲给夫人听。侯夫人一听可心疼了,哪有这么实心眼儿的。赶紧把铁良叫来,师娘问道:

"你怎么不去剧场啊?"

"我师父不叫回去。"

"哎哟我的儿呀,"师娘又气又乐,"回去还非得你师父叫啊?不叫你就不去呀?人家连仲早就去了,你傻呀你?!赶快,现在就去园子!"

"哦!"徒弟恍然大悟,扭头就跑。

这件事让师父师娘乐了好几天,现在,看见徒弟诚恳的脸,想起他儿时的趣事,身处逆境的师父禁不住面带微笑,轻声附和:"是!是!"

后来黄铁良回忆说:"并不是我有什么先见之明,坏人不能得意一世,这是我最真实的想法。"

这是一个老实人最真实的想法,也是最朴素的人间真理。真理总会实现,只是时间有长有短,这一回是十年。

十年,对于悠远的人类历史只是沧海一粟,而对于一个刚刚兴起的国家却至关重要,对于每一个个人,那就是再也不能追回的漫长的人生经历。

对于一个演员,十年的荒废甚至能够摧毁他的艺术生命,是不敢想象的噩梦。不幸的是,这不是噩梦,是活生生的现实,并且落在了整整一代人的头上。

和平区曲艺杂技团解散!

连同京剧团、评剧团以及很多文艺单位合并一起,成立了以"工艺"命名的工厂,先是纸盒厂,后来是塑料玩具厂,最后又是针织厂,几经改产。文庙变成了厂房,由舞台到车间,那些击鼓、操琴、能做出几十种美妙动作的手,开始操作机器,那些优美的嗓音、流利的口齿全部闭上。别了,那些从小历尽千辛万苦练就的技艺,从今后就算在梦里,也尽量不再想起了。

那是一段不堪回首的日子。

　　几十年后，陈凤芸老人向晚辈们回忆起那段经历，仍然禁不住感慨万端："在团里我的工资是九十八块，铁良是六十四块，到了工厂一律拉平，五十五块。不光是钱的事，灰心啊！我们都是从小学艺，我学徒时还不到十岁呢，都是从小干这一行，不会别的，现在让干活，好，咱就学着干，可是心里不痛快啊，想不通啊，说书、唱戏有什么罪，就不让干了？那些名角有什么罪，就打倒在地？但是我也有收获，为什么这么说呢，唱京剧的杨荣环，天津数第一的大青衣，在针织厂的时候跟我在一组，我们是裁剪组，杨荣环那是多大的角呀，到现在落到这地步，人家从不愁眉苦脸，总是平平淡淡，稳稳当当。有的人总呵斥人家，杨先生却从不恼怒，总是很平静。我太佩服人家，这叫修养、叫定力，我心想我得好好学，平心静气过日子。"

　　黄铁良老人的回忆，则充满了对丑恶的愤慨和对遭受不幸伙伴的同情："军代表、工宣队，他们今天揪出这个说是坏人，明天揪出那个说是坏人，其实他们才是真正的坏人。王鸣禄那时候很年轻，但是

黄铁良夫妇

特别好学习,被他们诬陷,受了很多苦;赵田亮是农村出来的说书人,老实本分,也挨斗;唱白派京韵的阎秋霞,有名的好角,差点被逼死;还有李鸣歧,在工厂干活时出了工伤,一条胳膊给卷到机器里了,受了重伤,再加上心灰意懒,就天天喝酒,弄得家徒四壁,最后竟然自杀了。他曾经找凤芸借过两块钱,临自杀前两天,非要还了,凤芸说不用了,不行,必须还!要是团不解散,能有这事吗?嘿!活过来的都不容易。"

就是这么不容易地活过来了。

那些辛酸苦辣,只有成为往事被回忆起来的时候,才能换来淡然一笑,而在当年,却是那么难挨。消磨了意志,伤透了心怀,侵蚀了理想,蹉跎了时光。

黄铁良陈凤芸,跟当时绝大多数中国夫妻一样,上有老下有小,工作辛劳,收入微薄,苦苦度日。随着二女儿维清和儿子黄勇的出生,他们用一百一十块钱维持六口之家的生活,还要给北京铁良的母亲寄去二十块钱以尽赡养之责,生活日渐紧张。维清出生以后身体不好,还得了百日咳,久治不愈,经常是夜里成宿地抱着。

生活就是这样锻炼人,人也总是试图改变生活,再灰暗的日子也需要亮色。

那天中午休息,大家刚吃完饭,有两个小青年来找陈凤芸。

"陈老师,陈大姐。"

"哎,吃完饭了?"陈凤芸一看,认识,是以前"小人书铺"的两个青年职工。

"您吃完饭了?累不累?"

"啊?你们有事?我不累,要帮忙说话。"

"不,我们没事。您要是不累,给我们讲个故事呗。"

"讲故事?"凤芸一愣。

"啊,对呀,一个小时休息时间,也没什么事,您给讲个故事。您会讲,我听过。"一个小伙子,意味深长地点点头

陈凤芸明白了,不敢提"说书",说"讲故事",真是聪明的年轻人。

"讲故事?哎哟,这个……"

"讲一个吧,您肯定没忘。我知道您忘不了。"

"好!讲一个!"凤芸爽快地说,两个青年在她身边坐下。

"讲个什么呢?"陈凤芸略一沉吟,这一瞬间她的心里一阵酸楚,又一阵欢喜,这一瞬间那些演说过无数遍的各色人物活生生地出现在她的脑海里,自己以为都忘了,却原来,还记得这么清楚。

"讲个穆桂英、杨宗保。"一个小伙子满怀热切地说。

"好,就讲一段'穆柯寨招亲'!"压低了声音,免去了唱段,几年不说,又是即兴而为,但是这一段故事依然精彩。看看表,快到上班时间了,穆桂英和杨宗保才刚刚打了个

照面,陈凤芸微微一笑,"穆小姐一见对面小将军,心里咯噔一下,用绣绒大刀一指,对面来将,报上姓名! 杨宗保手中亮银枪一摆,丫头你听着! 要知杨宗保说了什么?"凤芸抬起戴着手表的左胳膊,"二位小兄弟,快到上班时间了,下回再说吧!"

两位小青年,兴奋得脸都红了,连声道谢,高高兴兴地去干活了。这一下午,虽然不好说出口,但是从含笑的脸上可以看出,他们都沉浸在快乐当中。

第二天吃完午饭,小哥俩又来了,还带来了两位小伙伴:

"陈大姐,吃完饭了吗? 给我们接着讲吧。"

"啊? 还讲?"

"对啊,您昨天不说好了,下回再说嘛! 那俩人才刚见面,说什么了? 您接着讲吧。"四位小青年,把凤芸围在当中,凤芸笑了,只好让故事继续。

这个午间小活动悄悄地进行, 只是听众越来越多,连原来和平团的伙伴们也陆续加入进来。不仅凤芸说书,有时候刘文亨讲个小笑话,高英培背个大趟子,京剧院的大花脸朱玉良,兴之所至,站起身来给大家做了几个漂亮的花脸身段。

"好,这是芦花荡里的张飞!"黄铁良、范振钰异口同声低声喝彩。

旁边一个大号纸箱子里,两岁的维清和不满周岁的弟弟黄勇在里边玩耍,玩着听着,黄勇不知不觉地睡着了,维清却忽闪着一双大眼睛,听得津津有味。

苦中作乐的人们,忘不了曾经的那些好艺术;曾经生活在舞台上的演员,放不下从小练就的功夫。这么多身怀技艺的好演员,在杂乱的车间一角,以这种方式再一次献艺,真是充满滑稽的一幕悲剧。

黄铁良生性寡言,对于吃喝穿戴玩,都无太大的兴趣,唯一的酷爱就是自幼学习的相声。多年来他已经养成了随时背词的习惯,现在到了工厂,虽然已经对再登舞台不抱希望,但对于相声的感情依旧不减,干活的时候,又不由自主地默背起来。

和平曲艺团的老书记王明,依然是纸盒厂的书记,见黄铁良干着活嘴唇蠕动,提高声音喊起来:"铁良,铁良,黄铁良!"

"啊?!"三声以后,铁良如梦方醒,"什么事?"

"干嘛啦?赶紧把那辆车推过去。快点快点!"

被打断了思路,黄铁良有点恼火:"这不干着了嘛!嚷什么!"

老书记也恼了,声音更高了,惊动了车间那边的陈凤芸,她赶紧跑过来,拦住黄铁良;"你怎么回事?怎么跟老书记这样说话呢?"

说着抬头看了看表,灵机一动:"快吃中午饭了,去,赶紧给老书记买俩烧饼。"

妻子一拦,黄铁良也冷静下来,不觉有些后悔,老书记一直对大家不错,今天自己确实有点儿鲁莽。听妻子这么一说,赶紧就坡下,转身出去,在工厂旁边的小饭馆买了两个又热又酥的烧饼。

"书记,该吃中午饭了,给您,吃烧饼!"

多年同事,两个烧饼还是"过"的,接过烧饼,"哼"了一声,老书记转身离去了。

直到晚年,黄、陈老夫妻还常常忆起这桩趣事,他们知道,老书记当时那么又气又急,实在是出于好心。他是怕黄铁良的行为被"积极分子"发现了,节外生枝,再惹麻烦。

而他们的心情,则是十分复杂的,面对现实,早已经灰心,看来是要就此跟过去彻底告别了;而内心深处,却又存了一丝侥幸,万一将来有机会重回舞台,基本功可不能丢了,讲故事也好、默词也罢,都是为了这个几乎不可能发生

黄铁良与二女儿黄维清

82

的"万一"，这是苦闷凄惶中仅存的一点希望了。

刚过而立之年，正是人生最好的年龄，远离自幼熟悉的舞台，黄铁良迷茫而苦恼，那段时间他不仅更加少言寡语，而且常常跟自己较劲。维清至今还记得，当年爸爸领着自己和弟弟，去接下中班的妈妈，不坐公交车，爷儿仨步行到东门里，那是年幼的姐弟俩快乐的时光，路过煎饼果子小摊儿，远远闻到的那股香味那么诱人，望着眉头紧锁的父亲，鼓足勇气说一句："爸，饿了！"

父亲看看一双小儿女，锁着的眉头略微松开，无声地叹了一口气："又饿！"

一套素煎饼果子分成两份，姐弟俩美美地吃起来。

接到妈妈，坐车回到南门外大街，那里有一个关门很晚的小卖部，卖茶叶蛋的是一位中年人，孩子们称为"鸡蛋大爷"，买一个茶叶蛋，还是给姐弟俩分成两份。多年后，维清还对那鸡蛋的浓郁香味念念不忘："那是一种难以言说的感受，清苦却充满温馨。但是，我仍然能感觉到爸爸心里的苦闷，他爱我们，但是更爱相声。有些时候，在爸爸心里，相声往往排在我们前边，让他跟相声分开，他活得不如意。"

艰苦的生活没能平静多久，便又起波澜。

这一天黄铁良和陈凤芸正在车间干活，忽然接到家里打来的电话，原来是陈凤芸的老母亲突然发病了。夫妻俩急忙回家,把老人送到医院,现在看来就是轻度中风。但是由于老人年龄大了,病势显得严重,虽然没有性命之虞,思维、语言功能也没受损害,双腿却不能行动,最终瘫痪在床。

给母亲看病,他们夫妻想尽了办法,打针吃药总不见大成效,有人给介绍了一位姓任的针灸大夫,到家里扎针灸,每来一次收一块钱,还要送一盒香烟,一天一次,一个月光诊费就需三十多块。那个时候,两毛钱就能吃一顿丰富的早餐啊!

老人看病、孩子上学、六口人吃喝穿戴、寄往北京的月钱……日子越见窘迫。陈凤芸是个要强的人,日子多么艰难,从不带出落魄相,总是把自己和丈夫、孩子料理得穿戴整齐、干净利落,再加上以前是独立挣钱的"红角儿",在外人看来肯定家底殷实,工厂里救济困难职工的"补助"总也轮不到他们夫妇头上。眼睁睁一家老小生计成了问题,万般无奈,她想到了自己当年说书挣的那些家当,都是金银翠玉之类的首饰。一咬牙一狠心,卖了!

凤芸找到当年在南市鸟市儿说书的姐妹于佩兰,请这位师姐帮忙。于佩兰的丈夫是评书演员姜田力,为人活跃,交际面广,于是就由姜田力出面跟买主交易。每卖一件首饰,师姐都看看东西,再看看凤芸,满脸的心疼不舍,这都是当年,一个小姑娘,一字一句说书唱曲,辛苦换来的,现在都便宜地卖掉了,实在可惜。陈凤芸心里何尝不难过,但想想老母、想想儿女，为了他们为了家，什么都舍得。

老母亲虽然瘫痪在床，但是心里明白，曾经问女儿：

"凤芸，卖这些东西，你不心疼吗？"

"不心疼！"凤芸爽快地说，"您得看病，一家人得吃饭，跟人比起来，东西不重要。东西，将来有钱了再买，买不了也没什么！"

黄铁良却心疼，他心疼妻子，但是他没有别的办法，只有加倍体谅她，尽力帮助她。伺候老岳母，他从不嫌脏嫌累，只是老人觉得姑爷毕竟不是亲生儿女，终是不方便，黄铁良决定跟老太太谈一次。

他坐在岳母床前，说出话来特别亲热：

中年时期的黄铁良

"妈，您看咱家现在这意思，您是离不开人了，不能光靠凤芸，她工作比我累，我愿意多帮帮她，让她多歇歇，您要是避讳我，凤芸就得多受累。咱娘俩商量商量，往后就由我伺候您。您放心，我保证不嫌脏、不嫌累、不嫌烦，您看怎么样？"

女婿推心置腹一番话，果然触动了老人。又想到铁良这番举动，既是心疼凤芸，又是关心自己，入情入理，情真

85

意切,老太太大受感动,含着眼泪点了头。

从此,洗漱换衣、端屎端尿,黄铁良实现了不嫌脏、不嫌累、不嫌烦的诺言,不仅不怕脏累,而且总是态度和蔼,恭顺亲热。当年,老岳母由于舍不得小女儿,总觉得对这个姑爷有哪点说不出的不满意,如今,铁良却成了老太太最亲的人。

后来,在和平区曲艺杂技团基础上成立了天津实验曲艺杂技团,陈凤芸黄铁良相继回团,陈凤芸的演出在下午,黄铁良的演出在晚上,虽然大女儿冬青已经长大,帮了父母不少忙,但是她也要上学,因而白天整天都是黄铁良陪伴老人,他担起了照料老人的全部责任。老人病倒时七十一岁,直到八十七岁去世,十六年的日日夜夜,黄铁良其间付出的辛苦,实在非一般人能够做到。80年代初,和平区配合"五讲四美"运动搞过一次评选,黄铁良被评为"五好姑爷",在八一礼堂召开的颁奖大会上,上台接受表彰。他曾经无数次登上舞台,这是最令他骄傲和欣慰的一次。

天津实验曲艺杂技团是在1979年12月,为顺应改革开放、落实文艺政策的潮流建立的,隶属和平区政府文化科,演员主要来自于原和平区曲艺杂技团、红桥区曲艺团、南开区曲艺团,是80年代天津市重要的曲艺表演团体之一。

该团设相声、鼓曲、书曲、魔术杂技4个队,孟继善任团长,1981年滕进翔任团长。相声队主要演员有刘文亨、王文玉、魏文亮、孟祥光、于宝林、冯宝华、田立禾、赵心敏、班德贵、寇庚儒、黄铁良、任鸣岐等;鼓曲队主要演员有侯月秋(京韵大鼓)、阎秋霞(京韵大鼓)、张伯扬(单弦)、周文如(梅花大鼓)、二毓宝(天津时调)、刘凤霞(京韵大鼓)、杜凤兰(河南坠子)、张雅琴(梅花大鼓)、马希英(京韵大鼓)、魏文华(北京琴书)、张雅丽(天津时调)、王桂茹(铁片大鼓)、刘秀英(京韵大鼓)等,弦师有韩德荣、张伯华、胡宗岩、杜元岭、韩玉山、张延生、张文华、王洪民、秦筱林等;书曲队主要演员有姜存瑞、刘立福、郝艳霞、艳桂荣、陈凤芸等,弦师有贾庆华、张田润、周连旭等。

黄铁良与相声名家田立禾、女婿刘彤合影

该团成立初期,曾在新中央剧场举行建团公演。此后以长虹曲艺厅为主要演出场所;同时还在劳动、天华景、中华、滨江等剧场上演。相声队一度曾赴外地演出;书曲队曾在和平区文化馆、民族文化宫、人民公园等处演出。

黄铁良担任相声队队长,他后来回忆说:"有一回在新

87

中央剧场,开演之前,来了两个人,都是天津人民广播电台的编辑,年纪大一点的是贾俊屏,年轻一点的是张庆长,他们是来现场录音的。记得当时刘文亨录的是《王宝钏》,魏文亮录的是《爱与美》,当时给我捧哏的是穆祥林,我也没有准备,就照正常演出那么使吧,演的《打灯谜》,返场是《卖估衣》,我记得特别清楚,录音费九十块钱我都给穆爷了,这个钱在当时是很不少的。"

这两段节目作为天津电台的保留节目,至今还经常播放。

随着全国整体文艺事业的复苏,曲艺演出逐渐恢复,在天津,曲艺特别受到观众的欢迎,相声更是人人喜欢。写出了《跟谁对着干》《不正之风》《教训》等相声名段、享誉全国的王鸣禄,成为天津相声界的领军人物,他与当时的艺术研究所所长刘梓钰共同倡议成立了"相声研究会",常宝霆先生任会长,马三立先生任艺术指导。"相声研究会"致力于促进天津相声新作品的创作和上演,不定期地举办全市相声会演。黄铁良记得最清楚的,是有一次师父师娘来天津看演出的情形。

那次是为了庆祝'相声研究会'成立一周年,在第一工人文化宫,举办了七场全市范围的演出,包括当时的四郊五县。那一次我师父应约来到天津,在后台和马三立师爷一起,为演员们把场,就算舞台监督吧。我演的是一段新节目，刘文贞给我捧哏，这段节目是我根据上海滑稽戏移植过来的，改编成对口相声，由三段贯口组成，最大的难度是有一个贯口全部都是外国人名，都是外国文学家、作曲家的名字，这个难度很大，为了配合这个内容，我们还特意做了西装当演出服。师父在后台，师娘在台下坐着看，我确实有点儿紧张。师父就嘱咐我，别紧张，稳住了使。那次我发挥得还不错，下了场师父笑着点点头，算是表扬。还有一对业余演员，因为紧张而忘了词儿，下来后难过地哭了，我师父走过去安慰他们，说新节目难免出现这样的问题，不用难过，多排练多演出，就会越演越熟、越演越好。那次会演给我留下了很深的印象。

黄铁良与刘文贞演出照

实验曲艺杂技团长期在长虹曲艺厅演出，一度是鼓曲相声合演的综合场。在天津，几乎人人喜欢曲艺，天津观众中有一个非常有趣的现象，即有的人特别喜欢听鼓曲，有的人非常喜欢听相声,往往二者又不很融合。大部分情况下,综合场以鼓曲为主,搭配一两段相声。实验曲艺杂技团的鼓曲演员和伴奏弦师都是非常棒的,因而光临综合场的观众也大部分都喜听鼓曲,这样,同场的相声便显得有些尴尬。黄铁良每当上台,都会提前声明"我这段是个小活,也就十几分钟",以安抚观众,这使他心里很不是滋味。怎么能吸引住观众呢?经过反复考虑,他终于想了一个主意。于是某一天,他上得台来鞠躬已毕,笑眯眯地开口了:

"感谢各位观众光临,尤其感谢您喜欢听我的相声。为了表达我们的谢意,我从今天开始,连演一个月,天天不重活,希望您每天都来,监督检验。"

观众席里顿时有点儿小骚动,相声演员说的"活"就是指所表演的节目,一个月不重活,就是三十天节目不重复,他黄铁良至少得会三十段节目,这"大话"说出来了,咱可得听听。观众兴趣大增,每天都注意听黄铁良的相声。

黄铁良是话既出口不可食言,他抖擞精神,拿出当年在"相声改进小组"学艺时的劲头儿,一段段回忆,再逐一整理、修改,拆大改小,添补丰富,《十八愁绕口令》《打灯谜》《卖估衣》《大保镖》《数来宝》……一路演下去,四十多天,竟然每天一段,圆满完成。那时候演出非常繁忙,黄铁良父亲病危,他得到消息却因为演出无法立刻回京,只好强忍着焦急难过坚持演出,说完一段才坐夜车赶回家,到家时父亲已经去世。

　　四十天不重复节目，黄铁良见好就收。当时正是 80 年代中期，迎合改革的社会潮流，他组织了承包队，带领部分演员出外巡回演出，走遍了山东、山西两个大省，除了上交团里的管理费，队员们的收入很有提高。

　　巡演结束回津后，黄铁良又做出一个大胆的举动，他在实验团办了停薪留职手续，只身一人离开天津，找到了东北有名的演出组织者，即行话所称的"穴头"祝敏，是黄铁良的师叔辈。在祝敏的演出团里，黄铁良一度与老演员金炳昶合作演倒二，走遍了河南全省。东三省去的地方更多，由沈阳进东北，抚顺、铁岭、哈尔滨、齐齐哈尔、牡丹江、双鸭山一路行来，捧哏搭档不时更换，他就按照对方的情况随时调整逗哏风格，对方经验丰富、会活较多，那自然是如鱼得水；如果跟对方不是很熟悉，或是没时间排练，那就干脆使一些"一头沉"的节目，捧哏的伙伴台词少，可以避免失误。演出非常繁忙，有一年腊月二十九连夜从鸡西往天津赶，颇有一些旧时候搭班演出的味道。这样的演出让黄铁良得以施展几十年练就的功底，他也因此兴趣十足。

　　其实在实验团待着拿工资也不是不可以，那个时候孩子们长大了，老岳母也已经辞世，生活压力相对减轻，并非一定要受这样的辛苦去挣钱，黄铁良只身"走穴"，完全是因为这样有机会更多地演出，他实在喜爱相声，不愿意就此丢下。

　　当时实验曲艺杂技团演出出现下滑，鼓曲与相声两队不再合演，杂技也不再演出，阎秋霞、侯月秋等在观众群体中享有极高威望的老艺术家相继退休、离世，后备力量断档，业务收入日渐减少，难以维持。又逢长虹曲艺厅拆除改建，刘文亨、魏文亮等演员相继调出、离团，演出难以为继，于是陈凤芸申请退休，黄铁良回津后也申请退休，接着就是去北京照顾师父侯宝林大师。

师父故去，一年照顾师娘结束，黄铁良回到天津不久，就加入了杨少华、杨议、杨威父子的演出队，与刘英琪搭档，在山东山西一代巡演。正在山西阳泉演出时，接到师妹侯鑫的电话，师娘病危，待黄铁良赶到北京，侯老夫人已经去世。侯鑫真诚地劝慰悲痛中的师哥说："二师哥，您不用难过，能做的您都做到了，这个孝您已经提前尽完了。"

不久，老朋友王鸣禄找到了黄铁良。此时王鸣禄已经因创作了《跟谁对着干》《教训》《不正之风》等相声名段而闻名全国，调入天津市曲艺团，并成立了相声小品队，在北方各地巡演。由于王鸣禄社会活动比较多，就由相声演员赵恒负责队里的工作。赵恒是于宝林的徒弟，擅长捧眼，与河南坠子演员张楷搭档表演男女相声和小品，观众反响非常热烈，红极一时。赵恒既要演出，又要负责队里的工作，一时有点儿分身乏术，王鸣禄就想到了黄铁良，找他来给市曲艺团小品队"打地"，就是打前站，在演出之前跟剧场进行协商接洽，商量好场次、价钱、待遇等等。赵恒虽然比黄铁良年轻很多，却是他的同辈师弟，二人关系非常好，也非常了解这位师哥，觉得只负责"打地"未免埋没了他，于是就跟王鸣禄商量，让黄师哥参加演出，王鸣禄当然同意了，于是赵恒就去找剧场经理。

当时是在山西临汾，剧场的段经理跟赵恒是朋友，赵恒便介绍说队里有一位高人，是侯宝林大师的得意门生。侯宝林的名头多大啊，段经理一听非常兴奋，当即表示，希望侯大师的徒弟演一个节目。

第二天演出的时候，赵恒跟张楷搭档表演相声《婚姻男女》，张楷青春靓丽、嗓音甜美，赵恒沉稳老练、憨态可掬，观众非常欢迎，掌声不断，又返了两个小段。

接着，担任主持人的青年相声演员陶大为上台了，让过张楷，拦住赵恒说；

"赵恒老师，您表演得太好了。"

赵恒说："哪里啊，是我的搭档表演得好。我这两位搭档，各有特色，一个比一个强啊。"

"对，我们都知道赵恒老师有两位搭档，张楷是其中一位。另一位是谁呢，您自己给观众朋友们介绍一下吧。"

"好，我向大家介绍我的另一位搭档，他就是侯宝林先生的得意高徒黄铁良。"

掌声中黄铁良走上舞台，与赵恒合作，表演了相声《礼貌》，剧场里掌声雷动。

外地演出受到欢迎，黄铁良心中有喜有烦。喜的是相声依然受到观众欢迎，传统相声在远离观众多年以后逐渐被接受；烦的是他参加的各个演出团体都是出外演出，而天津的相声却极端低迷。天津是相声的发祥地，在相声的发展史上，天津多次成为相声复兴和改革的源头，曲艺已经成为天津本土文化的重要组成部分，80年代初开始，天津的鼓曲已经迅速恢复，而在曲艺中占有重要位置的一大曲种——相声，何时才能再次崛起，取得它应有的地位呢？

　　但是他从来没有过灰心，他坚信有着百年历史、经过几代艺人千锤百炼的传统艺术，不会在本民族的土地上永远萎靡。浩劫过去，万物回春，相声的繁荣一定会到来。他，一生酷爱相声的黄铁良，只需蓄势以待，等待那个相声艺术再次兴盛的契机。

　　请看下一回：晚霞篇。

四、晚霞篇

1998 年, 黄铁良刚过花甲。

当今, 全世界都有一个时尚观念, 六十岁是人生的第二个春天, 这句话用在黄铁良身上似乎更加准确。

就在这一年, 天津的相声前辈于宝林先生提出恢复茶馆相声的建议, 他联合自己的老搭档冯宝华以及佟守本、黄铁良、邓继增、尹笑声等几位, 他们都是自幼学艺, 有丰富的舞台经验, 特别是对相声有着深厚的感情, 同时这几位都在五十多岁、六十出头, 正是相声演员最成熟的年龄。

于宝林先生找到黄铁良问他愿不愿意一起演出相声大会, 黄铁良一听十分兴奋。当时天津的鼓曲演出十分兴旺, 无论传统名段还是新创曲目, 在舞台上每日上演, 深受欢迎。黄铁良是看在眼里, 急在心里呀! 天津也是相声的发祥地, 出过那么多有本事的高人, 观众又是那么喜欢那么懂行, 怎么现在就如此疲软, 眼睁睁落在北京、东北之后呢? 他说了一辈子相声, 也爱了一辈子相声, 一直保持着每天背词的习惯, 就是割舍不下这门自小学习的艺术, 他不愿意看着相声尤其是传统相声在天津衰败、没落甚至消亡。现在, 自幼尊敬的于宝林先生提出这个提议, 想到又能说相声了,又能把自己每天都在背的那些好段子搬上舞台了,他怎么能不兴奋呢!

毫不犹豫,一口答应!

1998 年 9 月 13 日,燕乐剧场,相声大会首场演出,由此,拉开了中国小剧场相声复兴的序幕。

但是在当时,这几位可没想到自己的这一举动有如此重大意义,他们只是看到百十来座的燕乐剧场来了七八十人,观众对传统相声的反应出乎意料的强烈,他们在舞台上尽情施展自己的才华,和观众一起高兴、振奋。

花甲之年,黄铁良再上天津舞台,抖擞精神,要全力一搏。不是为了名和利,当时也确实没有一点儿名利双收的征兆,只是从小因为爱而学,因为学了便更爱,这份爱足以支撑他度过任何难关。

以于宝林先生为首的、发起茶馆相声的全体人员,都是如此。

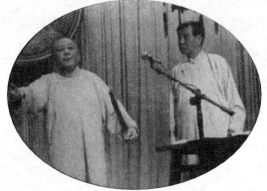

黄铁良、陈鸣志演出照

相声大会在燕乐剧场连续上演，效果很不错，天津毕竟有着悠久的相声历史，这些演员们又都是演技不俗，因而观众逐渐由少到多。更为可喜的是，座上出现了很多青年甚至少年观众，这些小观众后来很多从事了曲艺事业，包括深受观众喜爱的著名青年演员高峰、裘英俊，以及天津人民广播电台曲艺主持人佀童强等等。

与燕乐剧场相隔不远，还有一个剧场叫中华曲苑，当时天津市曲艺团每天下午在这里演出鼓曲。由于燕乐的相声大会日渐兴旺，中华曲苑的剧场经理来找于先生，邀请他们晚上去中华曲苑演出。这样，相声大会每天下午在燕乐剧场，每周一次晚上在中华曲苑。尽管场次增加，收入却依旧很少，有时候一晚上每人只分到几块钱，然而，这个团队没有一人因为如此寒酸的收入而退出，甚至没有一句怨言。

第二年，以相声大会为基础组建的"众友相声团"正式诞生。

"众友"其名，取"观众的朋友"之意，随着时间的延续，演出场地几经迁移，人员也有很大变动，黄铁良一直是这个团的主力演员，直至于、冯二位前辈先后作古，他与尹笑声担任攒底。

在晚年，由于演出的需要，黄铁良与何德利、陈明智都有过合作,还为青年女演员刘春晖捧过哏,但是合作时间最长、最为默契娴熟、最为观众称道的搭档,当数少年时便已相识的尹笑声。

同行共贺众友相声艺术团成立

都是出身名门、少年学艺,一位是家学渊源、功力深厚,七岁便已走红;一位是执着酷爱、勤奋刻苦,几经名家教诲。舞台上,黄铁良活泼欢快、机敏灵动;尹笑声沉稳持重、大智若愚。外形上一高一矮,性格上一静一动,珠联璧合、相得益彰,深受观众欢迎,"黄尹"这一对黄金搭档成为天津茶馆相声的标志,声名远扬。

黄铁良多次谈到他的搭档尹笑声,由衷地说过:"绝对好!我就敢这么说,现在全中国说相声的也找不出这么一个量哏的,全算上,没有!一个是基础好,他打七岁就说相声,跟他父亲尹寿山老先生,传统的活基本上没有人家不会的,这是一个方面。再有就是能捧会逗,逗哏、量哏,这差好大行市啦,很多同行,有的光逗过没量过,有的光量过没逗过,人家是逗、量全行。我们俩使活,上来就演,不用提前商量,因为我们这些活基本都刻在脑子里,传统也罢,新节目也罢,基本跑不了,所以说他好,脑子快、会活多。另一个是反应快,现挂也罢,互动也罢,没有一个灵活的头脑,木头疙瘩,肯定不行。有时候我落了一句,他马上就能接过来,引到正确的方向上,因为什么?因为他会逗哏啊,能掌握这个节奏。我信他,就像信我自己一样!"

黄铁良与尹笑声演出照

这样的"信",恐怕全国的相声演员里也没有几对儿能做到,然而单纯可爱的铁良老人,因为过于"信"了,也难免有些小疏忽。

一次,尹笑声先生跟黄老的女婿、相声演员刘彤偶遇闲谈,不知怎么话锋一转:

"刘彤,我跟你说,你岳父啊,我们搭伙这么多年,每次都是临上场了,报幕员都要上去了,他冲她说一声,告诉使什么活,我在旁边听见,这才知道今天演什么,哪怕早一点儿,他都不跟我说。是!咱俩有默契,这些活我都会,就算都会,我就不用提前想想嘛?!错非是他,换了别人,我会认为你这是调挤我。"调挤就是难为、挤兑的意思。

刘彤乐了,一伸大拇指,应声回答:"错非是您,换了别人,他也不敢这么做!"

两个"错非",奥妙无穷。

一个信心十足,所以从来不说;一个心中有数,所以从来不问,真可谓"艺高人胆大"!这段轶事,成为除铁良老人本人之外,人尽皆知的笑话儿。

当然,两位可爱老者之间,除了"错非"的趣事,更多的是不是亲人胜似亲人的温馨瞬间。谦祥益侧幕有几级台阶,演员需登上这几级台阶方能走上舞台。尹笑声先生身形高胖,年事渐高后腿脚略显不便,每次上台,尹老在前边,迈腿上台阶时,黄老总会伸手托一下他的左臂,而下台时尹老在后边,黄老走下最后一级台阶,总会回身接一把尹老的右手,回回如此,从未间断,已经成为二位老人下意识的动作。这亲密的瞬间,被细心的孩子们发现,人人深受感动。一托一接之间,无限的情谊、无声的温情,尽在不言中。

"黄尹"搭档红遍京津冀,想来不仅仅是"会得多、说得

100

好"那么简单,老一辈中国人所讲究的意气、礼节、规矩、情分,永远是维系成功的保障。

大凡怀有技艺的人,在注重精益求精的同时,无不把技艺传承作为自身责任,中国的艺人更是如此。

众友相声团建团伊始,就成为中国北方曲艺学校诵说专业学生的实习基地,当下天津很多逐渐成熟的青年演员,都在众友历练过,这其中,有很多黄铁良老人的学生。

黄铁良老师在为学生授课

受聘在北方曲校任课期间,早晨早课带中专,班里边有十二个学生,下午继续教大专。即便在 2003 年"非典"期间,每天从和平区甘肃路的家,走到南开区宁家房子天塔旁边的曲校,他也是天天如此,没耽误过一天课程。他虽然

101

严肃沉默,不善谈笑,但是对待学生和蔼耐心,从不急躁,有成绩出色的,他更是加倍喜爱。

正月里的一天下午,还很寒冷,下着细密的小雪儿,黄铁良老人从剧场回家,神情沮丧,眼圈发红。二女儿维清、女婿刘彤回津过年正在家里,一见之下慌忙询问。

老人声音哽咽着说:"我接到电话,张猛出事了,他们团演出装台,他从高处摔下来,现在还在医院,可能会瘫痪。"

张猛是山东人,当初在学校是业务尖子,是黄铁良老人最钟爱的学生,毕业以后进入济南曲艺团,原本应该前程大好,听到这个消息,全家都很震惊。

女儿赶紧安慰说:"爸,您先别慌,再听听确切消息,也许不至于那么严重。"

老人坐不住:"我得赶紧去天津站,去济南,我得看看他。我已经跟剧场说好了,今天晚上请假,明天早晨我从济南返回,不耽误下午和晚上的场。"

天寒地冻,雪路湿滑,六十多岁的老人连夜奔波,家人怎肯答应。任凭老伴和儿女们百般劝解,他惦记学生心切,坚决成行,并且为了不给张家添麻烦,拒绝自家人陪伴,只由一位学生陪着坐上了火车。

病床上的张猛和他的父母,看到风尘仆仆、在第一时间赶来的老人,无限感动,老人看着半身失去知觉的小伙子,也是万分心疼,师生相拥落泪。

后来，黄铁良老人在天津收下七位徒弟，此时张猛已经半身瘫痪，只能坐轮椅行动，但是老人还是执意收他为正式弟子，用他的话说，要"让张猛觉得自己跟健全人一样"。恩师的厚爱支持着张猛勇敢地生活，铁良老人疼爱学生，一直传为佳话。

众友相声团成立几年以后，也就是 21 世纪初，小剧场相声如雨后春笋，在中国各地迅速发展。当红演员如日中天，不仅北京、天津，石家庄、郑州、济南、上海，连兰州、西安、银川、成都、重庆、乌鲁木齐等地也纷纷成立了相声表演团体，就在这样遍地开花的状况下，起源地天津仍以自身惯有的平稳态势扎实地推进，各地游客来到天津，游海河、听相声成为固定项目，而听相声，"黄尹"则是不二首选。天津电台的相声广播和文艺广播每天都有他们的声音，马路上推介天津的旅游广告，他们的形象滚动播放，这两个说相声的老头儿成了天津家喻户晓的人物。

铁良老人活跃在舞台上，如鱼得水。他精力旺盛、不知疲倦，每一上台，生龙活虎、机敏矫健、充满活力，被他的老伙伴佟守本笑称为"阳光男孩"，这个称号不胫而走，很快叫响。老人自己欣然接受，常常在台上自我介绍："本人，阳光男孩黄铁良。"

夜幕降临，华灯初上，谦祥益文苑的相声大会开始了，铁良老人走进来时,台上已经有青年演员在表演,是传统节目《地理图》,一个大段的贯口,把中国的一些地名,按省份贯穿起来。

台上的演员正背到"大同、孤山、丰镇、集宁、平地泉、三岔口、十八台",就在此刻,忽然节奏略有减慢,就在观众尚未觉察的时候,铁良老人已经走到台侧,他目不斜视、步履如常,轻轻地说出三个字"卓资山"。

黄铁良、尹笑声演出照

台上的演员反应极快,"卓资山、三道营、旗下营、陶卜旗、呼和浩特、萨拉齐……"接连背下去,一气呵成,掌声四起。

下台来,险些忘词儿的年轻人来到老人面前道谢,禁不住面带惭愧,老人微微一笑;

"没关系,谁都难免。"

"您真了不起,太瓷实了,我们跟您比可差远了。"

"别这么说,我背了多少年了?!"是谦虚,也是一点儿小炫耀,值得炫耀的不在于"多少年",而是真真在于那个"背"字。

2008 年 4 月 26 日,天津中国大戏院灯火辉煌,舞台上星光熠熠,观众席笑声如潮,侯耀华、黄维清担任主持人,师胜杰、石富宽、李金斗、李建华、刘俊杰、王宏、刘彤、王殿云、应宁、王玥波、黄铁良、尹笑声、何德利,几代相声演员同台献艺,观众大饱眼福。

这是"黄铁良从艺五十五周年专场演出"。

黄铁良与女婿刘彤同台演出

2008 年,是黄铁良老人从艺五十五周年,二女婿刘彤提议,儿女们商量着要为他搞一个纪念活动。

刘彤生在哈尔滨,六岁就拜师胜杰为师,是黄铁良的亲徒侄,他和妻子黄维清同是中国北方曲艺学校的首届学生,三年同窗日久生情,也源于这层亲密关系。

维清性格沉稳、聪明能干,无论是相貌还是性格,都更像妈妈。她从在车间大纸箱里爬着玩儿的时候起,就听母亲和叔伯姑姨们说书唱曲抖包袱,对艺术的接受能力与生俱来,考入中国北方曲艺学校主攻西河大鼓,品学兼优,毕业后还参演过电影电视剧。刘彤自幼受侯宝林大师关门弟子师胜杰亲传,本是带艺求学,聪明机敏,深得老师们喜爱。他与黄铁良翁婿二人还有一个共同点,即都是奉师命来到天津,当初铁良老人来天津,是因了侯大师一句"经风雨、见世面";而刘彤考入北方曲校,则是师先生命他"上曲校,去跟刘文亨学"! 真是缘分!

刘彤常常回忆起在北方曲校王世臣先生房间里第一次见到岳父的情景,那时候他还称呼"师大爷"。而给他印象最深的则是在木樨园侯宅的一幕。

那是中央电视台相声大赛期间,刘彤与好朋友陈寒柏一起去看望侯老夫人,当时黄铁良正在陪伴师娘。侯老夫人对两个徒孙很亲热,对他们在电视上的表演也很感兴趣,黄铁良向师娘介绍刘彤,是师胜杰的徒弟,也是自家二闺女的男朋友。老太太一听很高兴,一指刘彤:"一会儿你师父来!"

不一会儿师胜杰果然来看望师娘了。在公众面前,师胜杰一向显得文雅持重,见到师娘师哥,便显露出排行"老小"的心性,问候已毕,转向二师哥:"师哥,咱今天午饭吃什么呀?"

"胜杰,你来了,咱得吃好的。我去买两条活鱼,咱们熬鱼,再给你买点酱肘子。"说着,向师娘一伸手,"师娘,给钱!"

老太太乐了:"哦,你们会亲家,把我豁出去了!"

这个欢乐的家庭式的场面在刘彤心中印象深刻,他感动于岳父与侯老夫人之间深厚的母子感情,他与维清结婚后对于自己的师父师娘也是极尽孝道,而维清更是众人公认的孝顺媳妇。

爱女远嫁哈尔滨,黄铁良陈凤芸二老是极其不舍的,最终,还是被两个年轻人忠贞的爱情感动。江湖儿女做事爽利,妈妈含泪对女儿说:"我不能拦着你,将来落埋怨。你自己看好了的人,那就去吧!"

刘彤也向岳父岳母表示,绝对不负妻子。二十年后,维清给了他最高评价——说到做到!

同行同业同门,作为女婿的刘彤对岳父岳母不仅尊敬而且热爱,铁良老人对相声事业的执着,令他这个后辈由衷敬佩,岳父从艺五十五周年,他自然要倾力尽心。

铁良老人在业内向来受人尊敬,听说这位师哥要搞一个纪念演出,师弟们齐来捧场;晚辈们更是尽心尽力,并且全部不要报酬。刘彤的一位徒弟、飞亚达手表天津总代理徐文龙做了冠名赞助,姜昆先生亲笔题字"艺海游天"。

五十五年的艺术生涯,饱尝生活的千滋百味,黄铁良老人最念念不忘的是恩师和观众,在专场纪念册上,他饱含感情写下了一段话:

衷心的感谢

亲爱的观众朋友们,我是相声演员黄铁良,请允许我按照舞台上的老规矩,先给您深鞠一躬:谢谢各位!

我的原籍是北京,自少年时就跟随侯宝林先生学习相声艺术,1953年拜入侯门成为先生的入室弟子。在恩师身边的日子正是我由少年成长为青年的人生重要阶段,恩师对于作艺作人的教导五十五年来时刻不敢忘怀,使我受益终身。

我与天津结下一辈子的不解之缘,牵引这条红线的也是我的恩师侯宝林先生。恩师多次说过,相声演员要想"成",必须到天津磨炼,因为他老人家就是在天津一举成名的。遵循恩师的教诲我来到天津,在这里学习、工作、成家立业,至今已有半个世纪了,当年风华正茂的小伙子如今已成古稀老人,我跟这个培养我成长的城市,跟与我亲如家人、心心相印的天津观众结下了深厚的感情。这种深情厚谊无可言传,却永远留在心里,给我长久的温暖和感动。

感谢领导、同行、家人和朋友,感谢大家为我做的一切。其实,我更愿意把今天的演出当成一个汇报恩师、答谢观众的好机会,我将怀着感恩的心情走上舞台。上台来,按照老规矩,我先给您深鞠一躬:谢谢各位!

这一番表白朴实真挚,情真意切,很多人看了禁不住双眼湿润。

专场以后,黄铁良老人的演出愈加繁忙,他在带给观众的快乐之中,同时快乐着自己。谁也没想到,他竟在这一年经历了一个巨大的考验。

7月的一天,炎夏湿热,一早起来老人就感到胸闷憋气,当时正逢陈凤芸去哈尔滨女儿家探亲,幸亏儿子黄勇在身边,及时把老人送到总医院,经诊断是血管堵塞,需要做支架手术。此时陈凤芸和刘彤维清已经得到消息正往天津赶,幸亏得到刘彤同门师弟刘伟的帮助,把老人及时转到胸科医院,即刻安了一个支架,病情得到缓解。

陈凤芸老人赶到病床前,二老执手相看泪眼,都觉得心里有了依靠。

当天夜里老人再次发病,幸亏二女儿维清用肩膀支撑父亲依坐了四个小时,等来医生,又安了四个支架,方使老

109

人转危为安。

得力于强壮的身体素质,铁良老人康复得很快。

正是午后,病房、走廊包括医生的办公室都是静悄悄的,小护士手拿托盘来送药,走到床边,不禁暗吃一惊,就见黄铁良双眼紧闭,嘴唇轻轻却快速地蠕动,这是怎么啦?小护士壮着胆子,低低喊了一声:

"老大爷!"

不见回应,依然是双眼紧闭,嘴唇轻轻却快速地蠕动。

又低声喊了一遍,依然如故。护士慌了,赶紧跑出去喊医生,主治医生慌忙跑进病房,伸手轻轻一推,老人忽然睁开眼,双目炯炯,疑惑地望着围在身边的医生护士。

老人睁眼的瞬间,大家又吃一惊,主治医生提高声音:

"老爷子,您觉得哪不舒服?"

"我,我没不舒服啊!"

"那怎么光动嘴唇不出声啊?"

"哦,我这是背词儿呢!"原来老人此时已经有点耳背了,再加上背词专心,小护士声音又很低,结果,没听见!

"您这是背词啊,可把我们吓坏了!"长出一口气,大家都笑了。老伴儿和儿女们知道详情后啼笑皆非,特意向大夫护士致歉致谢,大家都笑得合不上嘴儿。

一天上午,天津胸科医院住院部来了两位男士,非常客气地告诉护士，要看望黄铁良老先生，询问住哪一间病房，等二位得到回答道谢离去，小护士才恍然醒悟，失声惊呼：

"郭德纲！"再扭头一看，住院部大门口已经挤满了病人和家属。

原来，郭德纲和于谦正来天津演出，听说黄铁良师伯患病住院，专程前来看望。

2004年前后茶馆相声风起云涌，郭德纲及其德云社横空出世，锐不可当，于是不可避免地引起很多争议，但是黄铁良老人却始终持肯定态度，这不仅仅因为郭德纲是侯耀文弟子、他的同门亲徒侄，更重要的是，老人认为郭德纲的走红扩大了相声在全国的影响，只要对相声有促进，黄铁良老人都感到高兴。

二位晚辈殷切问候，老人含笑致谢，相谈甚欢，郭德纲于谦告辞时医院引起骚动，小护士们这才知道，这位总是笑眯眯的老头儿原来是一位有影响的相声演员，南方小姑娘来送药，腼腆地说：

"相声啊，我只在电视上看过哦，原来还在剧场演出呢。老爷爷，等您好了，我去看您表演吧！

"好啊！"老人大乐，"一定要去，我请你！"

一说起相声，他就特别兴奋。

2008年还有一件大事，即北京奥运会，刘彤被选为火炬手参加黑龙江省的火炬传递，黄铁良闻之特别高兴；对于女婿因为陪护自己而耽误传递预演,老人又觉得非常不安。

病房里,老人问女婿:"你来天津,不会影响火炬手的训练吧?"

"不会,我已经安排好了,回去我单独训练。"

"你看,这多不好,都是因为我,给大家添麻烦。"说着顺手从桌上拿起一个香蕉,"你拿这个当火炬,就在病房里跑几圈吧,也算训练!"

"我啊!"一个"大咔嚓",全屋人哄堂大笑,连机敏过人的刘彤都没想到,老岳父的"底"在这呢。

尽管体内安有五个支架,黄铁良老人手术后却康复很快,一是得益于身体素质好,二是因为乐观豁达。而老伴儿陈凤芸和子女以及亲朋好友们却很担心,出院回家不久,刘彤维清夫妻把二老接到哈尔滨休养了一段,回津后,老伴尽心伺候,冬青、黄勇和凤芸老人的侄子侄女常来陪伴,大家希望老人安心静养,不要再劳累。

但是凤芸老人却发现老头儿并不很开心,每天除去散散步,就是坐在沙发上微闭双眼念念有词,那是多年的习惯,又背词呢。本来就不善言谈,现在话更少了。

"怎么啦?心里有事儿?"几十年老夫老妻,陈凤芸老人从不干涉老伴儿的事情,可是看着老头儿闷闷不乐,老太太忍不住要问问。

"没事,没事。"老头儿迟疑一下,还是说了,"昨天大伙不是来看我了嘛,说最近演出上座挺好,大家都挺忙的。"

　　老太太明白了,昨天众友的朋友们来看望,聊得挺高兴,有人无意中说起,近来总有观众去后台打听:"黄爷挺好吧？"还有人干脆直接问:"黄先生什么时候演啊？"说者无心,听者有意,铁良老人往心里去了。

　　见老伴并不搭茬,只含笑望着自己,铁良老人憋不住了:

　　"我跟你商量商量,你看我虽然这一回病得不轻,但是恢复得也挺好,观众想听我,我也挺想演出的。我觉着自己这气力、精神儿应该没问题,要不我试试,觉着不行我再打住？"

　　共同生活几十年,凤芸老人觉得丈夫哪儿都好,就是性格倔、主意正,平时不说话,一张嘴就呛人,像这样吞吞吐吐地说话,实在少有。她真的担心老伴儿的身体,五个支架,岂是闹着玩儿的？可是铁良这么慢声细语地商量,她又不忍心一口驳回。最关键的,她深知相声对于黄铁良意味着什么,那是他一生的真爱。从青年、中年直到老年,她亲眼看见丈夫怎样为相声付出心血且乐此不疲,让他就此离开舞台、离开观众,实在怕他再憋出别的病来。

　　老伴儿没有反驳,而是犹豫不决,铁良老人觉得此事"有门儿",赶紧接着说:"我先演几场,身体行不行我自己还感觉不到吗？我保证不强撑着,觉着不行,我就不演了。你看,观众想听我,我身体允许,就应该演。你也是演员,这道理你应该明白啊！"

陈凤芸也是演员，她深知作为演员对舞台的眷恋、对观众的责任，见老伴儿言辞恳切、态度坚决，她无话可说，只有点头同意。

"阳光男孩"病愈复出，观众奔走相告，首场演出来了一大半老观众，看完了不走，去后台道辛苦，寒暄问候：

"您恢复得真不错，又能听您的节目啦，太好了！别累着，一天一场，咱们细水长流。"

在舞台上，在观众当中，黄铁良老人感到无比舒畅，仿佛所有病痛一扫而尽。

一个月演出下来，他对自己的身体充满信心，于是，又一个新的计划正式推出，他要搞一场"答谢演出"，感谢在他患病期间关心惦记他的观众和亲朋好友，特别感谢天津胸科医院的大夫护士们。老人奉献了几段拿手节目，夫人陈凤芸也登台演唱了《杨家将》片段，大外孙女樊烨还助兴表演了魔术。老观众和特别邀请的医护人员鼓掌喝彩，台上台下情意融通，铁良老人和观众们一样热泪盈眶。

由此，阳光男孩一发不可收，逐渐地由一天一场到每天赶场，业务演出、重大晚会、校园行、慰问巡演、电视台录像，他好像越忙越精神焕发。

儿女们可不干了，说好的一天一场，怎么就搂不住了，再累病了怎么办？姐弟三人商量好，决定趁维清回家过年的机会,联合向父亲发起"声讨"。

谁也没想到,老爷子抢在了前边。

那一天刚吃完午饭,老爹忽然乐呵呵地宣布:

"今天晚上,我请你们听相声,谦祥益,我把包厢都定好了。"

生在艺人之家,姐弟三人几乎是在剧场长大的,可是正式看父亲演出,其实并不太多。父亲虽然温和,却不苟言笑,对子女们疼爱,却不善表达,因而孩子们对父亲,总不如跟母亲那般亲密。

坐在谦祥益文苑的包厢里,冬青、维清、黄勇和刘彤,与观众们一起欣赏相声,"底角儿"上场了,正是他们的父亲和尹笑声先生,铁良老人特意使了自己拿手的《大保镖》。

黄铁良、尹笑声演出照

正活演完,又应观众现场要求,返场表演了有名的《三节拜花巷》。

《三节拜花巷》是一个只有几分钟的小节目,再现了旧时候每逢春节、端午、中秋三大节日,艺人夫妻上街打板卖唱的情形。因为篇幅短小,没有曲折的故事,故而全凭演员的语气、语调、形体、表情制造包袱儿,就是这么一个小段,被二位老先生精雕细刻,成为一件堪可玩味的精品,观众百听不厌,剧场里常常听见"来一段老婆子"的喊声。

冬青姐弟三人,目睹剧场的热烈场面,听着观众"阳光男孩"的欢呼,终于明白了老父亲的心意。他们心疼父亲,却也为父亲感到高兴和骄傲。

刘彤作为后一辈的相声演员,则另有一番感触,众友相声团建立当初,刘彤作为国营演艺团体黑龙江省曲艺团的副团长,并不看好他们的前景。虽说"生书熟戏、听不腻的曲艺",但是此处的"听不腻"通常特指鼓曲,精美的唱腔、文雅的唱词、嘹亮的歌喉、醇厚的韵味,确有百听不厌的魅力。而相声包袱儿讲究"意料之外、情理之中",包袱儿一旦抖响,就等于泄了底,完全成了"意料之中",观众很难再乐,尽管有"现挂"的支撑,又怎么可能坚持长久呢?

今天,刘彤推翻了自己的想法,他看到了黄尹二位的个人魅力,他们已经成为观众的朋友甚至亲人,观众觉得他们就是自己家里的一对老顽童,斗气、逗嘴,又总要在一起玩儿。于是观众便参加了他们的游戏，看着他们斗气，盼着他们逗嘴，等待着包袱一抖，发出彩声笑声，共同完成一段节目。这样的水乳交融，不仅令人敬佩，也令人感动。

多年演艺生涯积累的经验使黄铁良在舞台上游刃有余、挥洒自如，使他的艺术独树一帜、特色鲜明。他坚持"北京路数、天津使法"的独特风格，把相声中真假虚实有机融合的技法运用得炉火纯青。《八扇屏》，是所有相声演员全会的节目，是学艺时的基础活，"莽撞人""苦人儿""小孩子""粗鲁人""混人"等几个贯口支撑整段节目。黄铁良不使天津演员惯用的"风吹水面层层浪"这样写对子的垫话，他使的是"白字"，比如"给"应该念"挤"的音等等，待到捧逗俩人越说越急："你看你这什么态度呀！"

"对你就这样儿！"

"你没有礼貌。"

"我怎么没礼貌？"

"你斜视看人，拿眼角斜视。"

"我应当怎么看呀？"

"你应当平视！"

"平视我看得见你吗？！"

此句一出，观众看着高大的尹笑声和矮小的黄铁良，禁不住放声大笑。

还有《俏皮话》的紧凑、《洪羊洞》的荒诞、《大保镖》的英武、《五行诗》的儒雅、《夸住宅》的流畅、《打砂锅》的传奇,被他一一演绎得淋漓尽致。他喜欢学唱,观众也爱听他的唱,无论京剧、评戏还是白派京韵大鼓,他都唱得字正腔圆、满宫满调。这个可爱的"阳光男孩",舞台是他纵情欢乐的天地。

自幼学艺,他继承了前辈尊重观众的传统;多年从艺,他与观众结下深厚情谊。十三岁入"相声改进小组",他在这个圈子里生活了一辈子,却依然保持着某些"书生气",相声圈里的一些行为,原本算不上糟粕,只是一些约定俗成的习惯而已,铁良老人却大不以为然,他甚至从来不让晚辈们帮助叠叠大褂、倒一杯水。儿子黄勇买了汽车,想接送老父亲去剧场,他坚决不同意,他说:"小剧场演出原本跟观众特别接近,这是我们的特色,也是我们的优势,我们跟观众是朋友。观众在谦祥益啊同悦兴啊门口碰见我了,我从有专人开着的汽车里出来,这距离一下子就远了。跟观众疏远了,我们就危险了。"无奈,儿子只好在晚场散场的十点以后去接父亲,而白天,老人都是坚持坐公交车。

公交车上,难免偶遇粉丝,往往有素不相识的人打招呼,老人总是和蔼地答应,临分手时还不忘客气地说一句:"有空去听啊,多提意见!"

那天下车高兴了，兴冲冲进了后台，直奔几个青年演员。孩子们一见老人，纷纷站起来："黄爷，您来了！"

"啊，来了！就刚才，公交车上……"

"公交车怎么啦？遇见小偷了？"

"嘿，小偷干嘛！遇见粉丝了，还是两位女学生。"

"啊？"几个孩子互相对视，路遇年轻女粉丝竟然如此兴奋。这可不是老爷子的风格。

"您的粉丝？跟您说什么了？"

"咱们谦祥益的粉丝，跟我说特别喜欢你们几个。说喜欢马军、也喜欢张尧，还有你，张番，说特别喜欢你那个《串调》。你们几个，好好说，下了功夫，观众自然就捧。张番得多上几段传统活，传统活是根基，肯定对你写新活有帮助。哎，对了，咱们园子里女观众尤其小姑娘越来越多，咱们得心里有数儿，嘴上有准儿啊。"

这一大套，别人都插不上话，这在讷言的黄先生可不多见，对后辈的喜爱、关怀、期望溢于言表，年轻演员们个个深受感动。

老先生这番话可谓金玉良言，剧场里各色人等俱全，难免出现一些意想不到的状况。那天他与尹笑声演完正段《白事会》，照例返场，鞠躬已毕正要说话，忽然观众席里有人一声大喊：

"来段荤的吧！"

一瞬间，黄铁良微微一笑："对不起，荤的没了，光剩素的啦！"一语未完，顿时掌声热烈、彩声四起。喊话的观众，原本没有恶意，只是有点儿小逗能，因为黄铁良机智而友好地维护了双方的面子，不由得心生感激，冲台上不断拱手！

下台来，刚换好衣服，谦祥益文苑经理史清元走进休息室。

"黄爷辛苦！刚才台上，您真是这个。"说着一伸大指。

"嗨！"老头儿又是呵呵一笑。

"跟您说几句话啊？！"说着递给坐在旁边的尹先生一支烟，他知道铁良老人不动烟酒。

"好啊，什么事？说吧！"对于史清元这位为相声尽心竭力的谦祥益当家人，老艺术家们是既喜爱又尊敬，从来是有求必应。

"刚才听尹爷说，您在同悦兴第三场，使的就是《白事会》，赶场到这边，又是这段《白事会》，这样太累了，您行吗？"

"哦，"含笑看看老搭档，转向史清元，"没事，我能行。"

《白事会》是一段贯口活，大段的台词既要功底，也要气力，尹笑声和史清元都怕黄铁良支持不住。

史清元斟酌着措辞："您毕竟岁数大了，又做过支架手术，适当地注意一些是很必要的。其实您呢，别的节目也特别受欢迎，干什么非要……"

"我爱呀！"

史清元微一愣神,立即笑了,亲热地拍拍老人的手,不再说什么。尹笑声在一旁频频点头,同行中人,自有心意相通之处,更能理解这份情怀。

哈尔滨,观江国际社区,刘彤的新家在十楼,透过方厅的落地窗,就能看见宽阔的松花江。

2014年初,东三省正值冰天雪地,室内却温暖如春,陈凤芸、黄铁良老两口来探望女儿女婿。

对于父母的到来,维清特别高兴。她多次想接爸妈来避暑或是过冬,都因为爸爸要演出而不能成行,这次真是破天荒,铁良老人下决心停演几天,专程陪老伴儿来看闺女。

2014年伊始,已经成为黑龙江省演艺集团副总经理、省曲艺团团长的刘彤创立了"哈尔滨相声百乐会",由刘彤王殿云领衔,率领黑龙江省曲艺团一群年轻演员出演的相声大会一经推出,即获得哈尔滨市民的热烈欢迎,老岳父之所以来探亲,一是想念女儿,二也是想看看这边的相声大会。

黄铁良老人亲临哈尔滨相声百乐会,对青年人的表演给予充分肯定,同时也恳切地提出了意见和建议。黑龙江省曲艺团的演员们一见黄老爷子来了,这样的机会焉能放过?于是有叫"师叔"的、有叫"师爷"的、有叫"姥爷"的,一致要求老先生示范演出一场。

盛情难却，老人点头笑了，一看女婿："我使一段？你可得给我量。"

"好啊，我给您捧哏，您使哪一段啊？"

"就《三节会》吧！"老人略一沉吟，爽快地说。

《三节会》，就是脍炙人口的《开粥厂》，通过一个想入非非的人，要在端午、中秋、春节三大节日开粥厂赈济灾民，实际内容是展示了中国传统的节俗年俗，即过年过节时的吃食、风俗、老例儿等，一个节日一段大贯口，与《报菜名》《地理图》一样，要求演员既要记忆牢固，又要口齿清晰；既要一气贯通，又要节奏鲜明，是非常考验功夫的节目。

节目定下来，刘彤很满意，《开粥厂》是相声演员的必修课，他自己在北方曲校时就学过演过，况且是给经验丰富的铁良老人捧哏，可以说是把握十足，因而心里十分轻松。趁着演出前难得的清闲夜晚，刘彤和维清陪着二老边吃晚饭便聊家常。餐桌旁娘仨谈兴正浓，铁良老人却已经提前离席，他在宽阔的落地窗前，面对灯火闪亮的夜景，坐了很久。维清倒了一杯茶，送到父亲面前："爸，喝茶。干什么呢？"

"看夜景，数数你们这个松浦大桥，一共过了多少辆汽车。你去吧，去跟你妈聊天儿。"接过茶杯，老人冲女儿摆摆手。

转天上午刘彤去团里看青年演员们排练，中午回到家吃了午饭,他提议休息一会儿,为晚上的演出养养精神。回到卧室看了几页书,他刚朦朦胧胧要睡去,维清进来轻轻推他。

"干嘛?"迷迷糊糊问一句。

"你醒醒,我爸在客厅等你半天了。"

"啊?!"刘彤一听,困意顿消,赶紧来到厅中。

见岳父坐在沙发上,微闭双目,嘴里低低地念念有词。

"爸,爸!"刘彤知道老人又在背词,小声喊了两声。

"哦!"铁良老人睁开眼,"起来啦!咱们对对词啊?!"

"啊,是得对对,不过,不用这么早吧,您先休息一会。"

"我已经休息好了。活是熟活,可是咱们爷儿俩是初次合作,还是早做准备。"

"这么熟的活,还用您刻意准备吗?"

"哎,我年纪大了,思维、力气都不比年轻时候,难免出点纰漏,今晚的观众是第一次听我这天津来的相声,不能让观众失望。姑老爷,您当我昨天晚上真是数汽车了吗?"最后一句,老人不由自主加重了语气。

一番话,刘彤听得满心感佩,原来老人昨晚面向夜空独坐,是琢磨今天的"活"怎么"使"呢。"阳光男孩"在天津赢得那么多喜爱、热爱、敬爱,这荣誉真是用心血换来的。

当晚的演出取得空前成功,哈尔滨观众领略了风格迥异的津味相声,大呼过瘾;百乐会的演员们看了老人的表演,各有收获,人人受益。

　　津味相声古朴亲切、精密纯粹而又睿智辛辣、酣畅淋漓的特色,经黄铁良老人深入精细的演绎,深深吸引了哈尔滨观众,于是在百乐会成立一周年之际,刘彤再次邀请黄铁良、尹笑声二位老先生来到冰城献艺。这时候百乐会在友谊宫和文化宫两个剧场演出,黄尹二位在友谊宫演出《洪洋洞》,在文化宫演出《托妻献子》,剧场里掌声笑声欢呼声此起彼伏,兜四角、挑房盖、山崩地裂,二位老头儿演痛快了,观众更是乐痛快了。

　　六十六年的艺术生涯,黄铁良老人敬畏艺业、感恩观众,日日精研、从不懈怠。他以丰富的曲目、严谨的台风、张弛有度的节奏、热情洒脱的表演得到业内同行及广大观众的高度赞扬和充分肯定。他虽然以表演传统相声著称,但并不因循守旧,而是在继承的基础上与时俱进,勇于创新,因此赢得了大量青年观众的喜爱。

　　在天津,校园文化有着深远的而丰厚的历史,众所周知,共和国第一任总理周恩来就曾在南开中学的剧社担任主演。当今,在音乐戏剧继续盛行的同时,校园相声方兴未艾且大有欲占头筹的趋势,而天津电台相声广播主办的"校园行"活动,更进一步推进了校园相声社团的发展。黄铁良就是校园行的积极参与者,他演出、讲座、辅导、交流,乐此不疲,在朝气蓬勃的大学生之间,年过七旬的"阳光男孩"仿佛又回到了青春时光。

天津商业大学，一场艺术讲座即将开始。礼堂里已经坐满了商大师生，两旁走道也站满了青年学生，随着相声广播两位知名主持人的介绍，主讲人黄铁良快步走上讲台。

从艺六十多年，他上过大大小小、或高端或简陋无数的舞台，今天，在这辉煌庄重的高等学府，虽然台下掌声照旧热烈，他的感受却迥然不同。

黄铁良老人面对青年学子，满怀真诚，推心置腹，既谈了相声的技艺技法，也讲了自己的从艺经历。娓娓的讲述中，他恍然又回到少年光景，又回到小口袋胡同整洁的小四合院，又回到恩师和前辈们身边：初到津城的艰辛与快乐、动荡年代的愤懑与无奈、盛世回春的欣喜与欢畅。青年学生随着古稀老人的讲述或悲或喜，时而感慨时而振奋，时而为他的曲折经历唏嘘，时而又被他幽默的谈吐逗得大笑，他们被铁良老人真诚、质朴以及对人生的睿智、对艺术的执着而深深感动。

讲座结束，黄铁良与热情的师生们握手告别，然后匆匆坐上汽车，赶奔剧场，那里还有很多观众等着听他的相声。

后台，顾不得过多寒暄，他匆忙却仔细地换好大褂，与搭档尹笑声一起，静静地站在上场门，随着主持人"表演者

125

黄铁良、尹笑声"的声音,观众席上顿时响起喝彩声。尹笑声端庄大方地走上舞台,站在场面桌后,接着黄铁良快步登场。

这是他从小熟悉却又常常梦绕魂牵的舞台,就像骏马的草原、雄鹰的天空,他与这方舞台相依相伴,同悲共喜,他的青春、才智、心血、情怀全部献给了这方舞台和坐在台下的观众,而舞台,也给了他终身的幸福、快乐和最美好的人生享受。

稳了稳略显激动的心神,他向观众深深鞠躬:"谢谢大家的掌声,我是阳光男孩,黄铁良!"

外一篇:再见,阳光男孩

2016,农历丙申年,到了这一年秋季,黄铁良老人就虚岁八十整了。

正月初二,二女儿维清和女婿刘彤带着他们的女儿回天津过年,老岳母照天津卫的旧例,预备丰盛的酒席和天津老太太们拿手的打卤面给姑爷接风,饭桌上,刘彤跟岳父商议,到老人八十岁生日的时候,搞一个庆寿专场。

或许,如果不是姑爷提议,一向低调谦逊的老人还想不到要给自己庆寿。这会儿,他略微想了一想,一下子兴奋起来。

"好啊,你这个想法好。不是非给我祝寿啊,是让听了我几十年的这些观众高兴高兴,平常演出我就演一段,这回呀,我一场说四个大段,再多返几个小段,让大伙听美了。这四大段啊,《八大吉祥》得有,《洪羊洞》啊……"

"行啦行啦,"老太太赶紧拦住老头儿,"这是下半年的事,不是让你明天就演。还有大半年呢,节目单你们爷儿俩慢慢商量。面煮熟了!"

三鲜卤,丰富的菜码,维清一边吃一边小声说:"一提活就来精神儿,要不是我妈拦着,这可就打不住了。"

127

刘彤嘴里塞满面条,一边吃一边乐着点头。

对于即将在八十岁生日时举办的这个专场,铁良老人并未对外声张,在心里可当成了一件大事:四到五个大段儿,虽然没最后确定,但是拿手的《八大吉祥》《洪羊洞》《五行诗》应该是必不可少的;返场小段首选当然是观众百听不厌的《三节拜花巷》,还有自己最为钟爱的学唱白派京韵大鼓,自己写几句新词,表达对观众的感谢之情,又亲切又真诚,这可比什么发言都强,对,就这么定了!

进入农历五月,天气渐渐热起来,小区里家家户户敞开的窗户中,透出苇叶、江米、小枣、豆沙馅混合在一起的带着甜味的清香,端午节到了。

端午节前一天的晚上,二女儿维清赶回天津,给了黄铁良、陈凤芸老两口一个意外惊喜,虽然刘彤因为哈尔滨百乐会的演出未能一同回来,二位老人有些遗憾,但是爱女归来依然使父母老怀大慰。维清是黑龙江艺术职业学院传媒系副主任,工作很忙。今年初就计划要陪着父母过端午,早早定好了机票,不承想准备动身那天正赶上学院播音主持比赛,她要担任评委,原本打算退掉机票,可是在心里却是千万的不情愿。不知为何,她想念父母的心情是这么强烈,仿佛冥冥中有一种召唤,让她不能抗拒,于是改签机票,工作结束便赶往机场,星夜回津。

　　儿子儿媳、女儿和孙女、外孙女陪着二老过了一个充满快乐的端午假期，尤其远嫁东北二十余年的维清，多年来难得与父母姐弟在端午团聚，一家人有说不完的话。上午，维清大部分时候都跟父亲坐在一起喝茶聊天，下午和晚上才是母女俩的独享时间，因为中午以后父亲或是去剧场演出，或是为晚上的演出做准备，不喜欢被人打扰。说了几十年相声，那些台词老人家默背了几十年。

　　"爸爸，听我妈说这些日子您一天演两场，有时候还是三场，我好不容易回家来住几天，您就不许少演一天陪陪我吗？"维清嗔怪父亲，其实她是心疼爸爸，想让他歇歇。

　　"哎哟，二闺女挑理了！"父亲对女儿慈爱地笑着，"节目单是提前定好的，观众是按着节目单买票的，我不演，那不等于把观众晾那了嘛！还有北京来的观众呢，人家专门为看我来的，我不能对不起人家。我走了，跟你妈聊吧，晚上我下场就回来。"

　　父亲出门了，母亲跟女儿抱怨："你都看见了，不是我不拦着，是拦不住。天这么热，你爸这一天两三场，我也担心他，毕竟八十了。可是观众奔他去的，你想不让他演，他不答应啊！"

　　母女二人都是演员，当然理解铁良老人对观众的感情，只好无奈地相对苦笑，维清安慰母亲，说父亲每天演出，心情愉快，对身体还有好处呢。

6月11日,端午小长假的最后一天,黄铁良、陈凤芸老人的家里像过年一样热闹,凤芸老人的侄子、侄女们都来看望二妹维清,陪姑姑、姑父过节。大女儿冬青从北京女儿家回来,手机里录了很多外孙女的小视频,这是二老的曾外孙,看着可爱的小四辈儿,铁良老人乐得合不拢嘴。

晚饭后侄女们嚷着打几圈麻将牌,老人却不上桌,换好衣服,包里装上大褂,准备出门了。

"老姑父,您不玩儿两圈儿?"侄女们问他。

"不玩儿了,今天两场,同悦兴中场,赶谦祥益攒底。今天两场,得早点儿走。"老头说着往外就走,看见守在门口的老伴儿,又笑着说了一遍,"今天两场,得早点儿走。"说着,他步履轻快地走下楼梯。

出门时正是晚上七点零五分。

他就这么笑着、步履轻快地走了,谁也没有想到,这一去,老人却再也没能像往常一样,笑着、步履轻快地走回这个温馨快乐的家门。

他猝然倒在去往剧场的路上。

同悦兴后台先得到了黄先生被送往医院的信息,紧接着消息传到谦祥益后台,年轻演员先慌了,老人儿们尚能保持冷静,说此刻应该在抢救,沉住气,等信儿吧!

晚上九点,千里之外的哈尔滨,刘彤接到了妻子维清的电话,突然听到撕心裂肺的哭声,他的冷汗一下子流了下来。问了好几遍，他才明白，老岳父在去往剧场的路上突然发病，抢救无效去世了。刘彤愣住了，他感到心被猛地揪紧了，眼泪不知不觉地往下流。片刻之后，他用力收住眼泪，拿起手机联系购买机票。不愿意打扰团里的同事，他只跟副团长、也是他的搭档王殿云说明了情况，殿云力劝他不可一人上路，他于是请了一位小兄弟陪伴，连夜飞往北京、赶赴天津。

就在刘彤赶赴天津的同时，黄铁良先生不幸仙逝的消息已经通过微博微信等传遍天津城，继而传到了北京。网络上"黄铁良先生突然离世！""阳光男孩一路走好！""黄爷千古！"等悼念文字几近刷屏。

那一夜，有多少人被这个突如其来的噩耗震惊，痛心得夜不能寐；有多少人脑海里反复闪现出那位矮个小老头的身影和面容，耳边仿佛又响起"我的老头子"的台词；"怎么可能？""我不相信！"多少人不约而同发出了这样的微博、微信。

子夜一点多钟，黄铁良老人的师弟侯耀华从北京赶到黄家，同来的还有同辈师弟李少杰和耀华的徒侄杨进明，面对静静安卧的师哥，耀华先生痛心疾首，那个从小抱着哄着自己玩儿的爱心哥哥、那个守在久病的父亲床头的忠诚孝子、那个舞台上生龙活虎的师兄，就这么走了吗？他吩咐自己在天津的弟子穿重孝守灵，以示哀悼。

　　翼夜而来的还有天津京剧院马派老生魏以刚、天津电视台著名导演宋东等很多朋友……

　　次日一早，一个写有"黄铁良先生千古！马志明敬挽"字样的硕大花篮送到黄家楼下。志明先生性情清高，向来不喜婚丧俗事，此刻却委托朋友第一时间送来花篮悼念，并在电话中多方安慰。

　　随即是各媒体记者们蜂拥而至，天津电台文艺广播著名编辑梁文逸、天津电台相声广播记者沈之骅、天津电台文艺频道主持人小四、天津电视台《相声大会》主编刘佳……不仅作为媒体人，更是作为对老人无比敬仰的晚辈，他们边流泪边采访，并及时播报了一系列消息，以飨听众、观众。

　　只半天工夫，各式花篮就摆满了楼门口狭窄的走廊，慢慢摆到了小区门外，前来吊唁的人们络绎不绝，佟守本、刘俊杰、刘兰亭、朱永义……李金斗进门就跪在灵前，向师伯行了大礼……

　　黄老的同门师弟、刘彤的师父师胜杰先生和夫人赶到灵堂，胜杰先生唏嘘不止，师夫人与凤芸老人抱头痛哭。

　　中国曲协副主席、梅花大鼓艺术家籍薇代表中国曲协和姜昆主席送来花篮，并转达姜昆主席的话："相声界的同仁会永远记住黄先生对相声事业所做的贡献。"

　　还有一些人，进门来并不与任何人交谈，只在灵前恭敬地行礼，伫立片刻便含泪离去，在场的人互相询问，不是任何人领来的朋友，直到有十几位这样的不速之客之后，人们才恍然大悟，这些人都是素不相识的普通观众，丧事期间，这样自发来吊唁的观众竟达百人之多。

老邻居们也都来了，他们早就知道黄老是当今天津城最红的相声艺术家，但是他们更把他当成一位和蔼厚道的长者，没有一点儿架子，整天笑眯眯的，见人总是客气地打招呼，从不给任何人添麻烦……这么好的一位老人，这么突然地走了，怎能不叫人心疼？同时，大家都想到了陈凤芸老人，一瞬间失去了相伴五十多年的伴侣，八十高龄的老太太怎么经受得住？！

陈凤芸老人的世界刹那间轰然倒塌。五十八年前初识时那个清秀的青年、五十四年共同生活中那个温和的丈夫、忠厚的女婿、亲切的父亲、慈爱的祖父，不同的画面在她脑海里交替闪现。多年以来，黄铁良老人每天演出，陈凤芸老人担起了全部家务，每天晚上十点多钟，茶、洗脸水早就预备好了，估计老伴儿就要回到家了，老太太会站在门前，听到脚步声就为老伴儿打开房门，接过大褂包，帮忙脱下外衣。今天她打破了这个习惯，她什么也没做，只眼睁睁看着老伴儿被儿女、徒弟们抬进家门……她没能站在家门口，等来自己笑眯眯的老伴儿。

同样没能等来铁良老人的还有他多年的搭档尹笑声，尹先生难以抑制失去老伙伴的悲痛，两次来到黄家，也是年届八旬了,艰难地走上五楼,已经气喘吁吁、大汗淋漓。儿时,在重庆的初次见面、一闹一静的两个男孩、那个抽空了的鸡蛋壳;晚年,舞台上亲密的伙伴、无数次会心而酣畅的合作、知道自己闹嗓子连日使"单鞭活"的好朋友……在同悦兴没等来你,在谦祥益也没等来你,和我一起等你的还有那么多专程而至的老观众,我们,永远也等不来你了!

"上楼费劲,我慢慢上,说什么我也得来。我得看看他呀!"尹笑声和陈凤芸两位八旬老人相对垂泪,他们失去的,都是生命中最重要的人。"他这一走,把我们俩那十几段活也带走了,没人会了。"尹先生不禁仰天长叹。

黄铁良老人停灵的最后一天,天一直阴沉沉的,中午时分,一位风尘仆仆的少年出现在灵堂里,扑倒在地,他一下子哭出声来:"黄爷爷,对不起!"

正在守灵的铁良老人的儿子黄勇,赶忙扶起少年:"小兄弟,你是哪位呀?"

男孩站起身,人们看到他,不过十五六岁的样子,流着泪说:"我是保定来的,一直在网上看黄爷爷的节目,我多么想现场看看黄爷爷的表演啊,可是年纪小爸爸妈妈不放心,我自己攒的钱也不多,一直没能来天津,我想长大了一定来天津见见黄爷爷,看看他老人家的现场表演,没想到却成了终身遗憾。我欠黄爷爷一张票!我欠他一张票!"最后一句未说完,男孩和黄勇一起哭出了声,周围的人无不热泪长流。

傍晚时分，天空终于下起了淅淅沥沥的小雨，按天津当地风俗，天黑后人们要手执点燃的香在街上绕行一趟，天津人称之为"送路"，意即陪伴远行的亲人走上最后一程，做永久的告别。

"送路"的行列缓缓前行，人们禁不住思绪翻腾，人生有无数的命中注定，也有同样多的猝不及防。这位一生平和谨慎的老人，最后一举却如此干脆利落而绝不拖泥带水，尽管使亲人们感到无尽的遗憾和痛惜，却也令人们在无限感叹的同时，生出一丝难以言状的羡慕和敬佩。

这行列里有原天津市文联党组书记、中华曲艺学会副会长孙福海，他既是天津文艺界德高望重、经验丰富的领导，也是相声名宿杨少奎的弟子，"文字辈"中的小师弟，事发时福海先生正在南戴河开会，闻讯后立即请假返津，送老师兄最后一程。

这行列里有谦祥益文苑总经理史清元，他正与夫人在加拿大探望女儿，得知黄老的噩耗，他只在微博上说了一句："疼死我了！"立即办理回国事宜。在黄老家楼下迎面碰见一位好友，只一句"您回来啦！"便谁都不敢多言，只互相紧紧地握了握手，泪水顿时盈满了眼眶。

135

这行列里有著名京剧表演艺术家、津门大净康万生，康先生闻听噩耗，中断了南方的演出赶回天津，到灵前欲行大礼，被人们死死拦住，禁不住热泪纵横。铁良老人与万生先生因艺结缘，惺惺相惜，感情深厚。

这行列里有黑龙江省曲艺团的老中青三代相声演员，尽管刘彤不愿麻烦大家，但是同事、朋友们闻讯还是陆续赶到天津。并不是因为逝者是团长的岳父，而是因为他们有的人多次观摩铁良先生的表演吸取营养；有的人在黄老去哈尔滨演出时曾经当面向老人求教；还有的人就是天津"中国北方曲艺学校"的毕业生，受过老人的传道授业解惑之恩。

这行列里，有天津蓝天救援队的队员们，他们不会忘记，每逢有重大灾害发生，救援队赴灾区前夕，都会收到"谦祥益文苑"送来的捐款，演员们义演募捐的资金，用来支持救援队购买物资。这里边就有黄老的心意，他不仅以拿手节目在义演中攒底，还跟大家一起捐款。年轻的队员们跟老人成了忘年好友，这些在艰险的救灾战斗中勇敢顽强的英雄们，面对老人的突然离去却不能控制情绪，禁不住失声痛哭。

这行列里有部分小剧场里深受欢迎的青年演员，他们同时代表另一部分在剧场演出不能前来的小伙伴，刘春山、许建推掉了北京嘻哈包袱铺的"新作品专场"赶回天津。多年跟老先生同台，这些年轻人庆幸感受了前辈的陶冶熏染，更懊悔从此失去了当面受教的机会。一位小演员说："我后悔啊，总想着老爷子就在身边，想什么时候听就能听，想什么时候问就能问。光顾着贪玩了，怎么就不抓紧跟老先生多学点东西呢？可是，我们也没想到他老人家说走就走了啊！"一脸的悲痛、懊恼和惶恐。

这行列里有老人挂念的儿女、子侄、孙辈和亲人；有多年的好友、同行、弟子、学生和老街旧邻；更有很多虽不曾熟识却把他当成偶像和亲人的观众，人们想着他的音容笑貌，不由自主地放慢脚步，希望多陪一会儿可爱的老人。

罗列几层的花篮，殷殷问候的亲朋好友，一张张素不相识却满含着关爱、悲戚、思念的亲切的面孔，陈凤芸老人悲痛欲绝却又满怀安慰，强忍着泪水，她大声说："铁良从艺一辈子，他值了！"

2016 年 6 月 15 日清晨，雨后的天津城清风拂面，天津市第三殡仪馆，人们来跟黄铁良先生做最后的告别。几个署名"忠实观众"的大花篮摆在大厅门口，上百位观众自发前来，送别他们喜爱的老人。

师胜杰先生满脸悲戚，亲自担任告别仪式的主持人，孙福海先生即兴创作韵文，介绍黄老生平。

全文如下：

6 月 11 日晚八点，

阳光男孩 **黄铁良**

您的匆忙离去，
我们悲痛欲绝，
泪洒襟衣。
您的离去，
天地动容，
这几天的蒙蒙细雨，
就是为您挥洒的泪滴。

今天，
晴空万里、风和日丽，
就是再一次让我们
看到您步入天堂的矫健的身躯。

黄铁良先生，
1937 年生人，
1950 年拜在侯宝林大师门下，
继而又在老舍先生关心和指导的
北京相声改进小组进行学习。
抗美援朝，
您又赴朝慰问，
当时您还没有成年呢，
在那战火纷飞的战场您无所畏惧。
回国以后，

参加北京曲艺团，

后又奉师命在天津从艺，

您为相声艺术的继承和发展

呕心沥血、亦步亦趋。

您台风稳健，表演潇洒，

温文尔雅当中彰显诙谐，

火爆热烈中

诠释着您节目的主题和立意。

您的离去，

是我们相声界的损失，

《八大吉祥》《三节拜花巷》等节目，

我们现在无法和您攀比，

这些节目，

也随着您的离去，

而在舞台上失去鲜活的生命力。

艺，无德而不立。

您 79 岁高龄，

66 年的从艺生涯，

心怀坦荡、一身正气。

66 年，您不图名、不图利，

只讲奉献,不讲索取,

66 年,您善于合作,

似乎好像 66 年当中

没有和任何人闹过矛盾,

没有和任何人形成过对立。

66 年说起来简单,

做起来谈何容易。

晚年,您心脏有五个支架,

可是仍然在奉献。

1998 年,于宝林先生提议,

您作为发起人之一,

成立了天津第一个民营相声团体,

从体制机制、艺术生产、

经济分配、内部管理,

可以说,

是为文艺体制改革竖起了一面大旗,

而且带动了

全国相声茶馆的兴起。

从 1998 年到您的离去,

18 年您躬行践行,

用自己的心血,

为天津的相声发展史,

也是为我们天津这个相声发祥地

增加了浓墨重彩的一笔。

孝，是德的根基。

您尊重前辈，

我们不会忘记。

在您恩师病重期间，

两个月零四天，端屎端尿。

我们也不会忘记，

在您的岳母71岁瘫倒在床上的时候，

您在演出之余，

16年一直伺候到87离去。

所以我说，

您不仅是一个好徒弟、好演员、好丈夫，

同时还是一个好女婿。

您是一个好人，

这样的好人

在我们的心里顶天立地！

铁良先生故去以后，

我们应该向他学习什么？

我以为，

首先应该学习他对艺术精益求精、勇攀高峰的精神；

　　第二,应该学习他不为名、不为利,只讲奉献,不讲索取的精神；

　　第三,应该学习他团结同志、善于合作的精神；

　　第四,应该学习他桃李满园、悉心传艺的精神；

　　第五应该学习他生命不息、战斗不止的精神。

　　铁良先生,您太累了。

　　您在演出的路上离去,

　　您走得不要太急,

　　在奈何桥畔

　　有无数的喜欢您的相声迷。

　　在您步入天堂之际,

　　再看我们一眼!

　　我们众多的挚爱亲朋,

　　和您的孙男弟女,

　　在这里祈祷,

　　黄铁良先生千古安息!

　　几天以后,天津电视台《相声大会》特别编辑了"永远的阳光男孩——黄铁良专辑",播出了黄铁良先生与尹笑声先生合作、在该栏目录制的经典节目《洪洋洞》《大保镖》《俏皮话》《三节拜花巷》。在这个夏日的夜晚,津门沽上,多少故曲知音在电视机前时而含泪欢笑，时而微笑垂泪，笑声中、泪水里，那位和蔼宽厚、给人们带来无限欢乐的老人，仿佛还在我们身边。

真正的人民艺术家，是不会跟他的观众永别的。

黄铁良，永远的阳光男孩，他创造的欢乐，将与被他深爱着、也深爱着他的观众们永远相伴！

八大吉祥

甲：一个人有一个人的爱好。

乙：您也有爱好。

甲：我也有爱好。爱什么？看书。

乙：这是个好习惯！哎！看书，书内有黄金，增加知识。

甲：就怕你不用心，哎！我经常看，是书我就看，记在脑海之内。

我还有一特点。

乙：什么特点？

甲：不但把它记住了，还要储存在腹内之中。腹内之中。

乙：说话这么费劲儿啊！

甲：肚子里边。

乙：谁看书也不能白看。

甲：对了，看完就忘了，

乙：那就是啊！怎么着也得搁肚子里啊！

甲：我这还有特别地方呢。

乙：什么特别地方？

甲：不但在里面都装满了，还有个特点。

乙：什么特点？

甲：拿手一摸就能摸出来，我所看的书。

乙：这不胡说八道嘛！

甲：一点儿都不胡说八道，你看什么书能摸出来，一摸就摸得出来。

乙：那怎么摸？

甲：你摸过吗？

乙：没摸过。

甲：没摸过？来来，把袖子挽起来，你摸摸。

乙：怎么摸？

甲：你拿手来，还有个条件啊！你摸，摸出来没摸出来？你甭说话，我一看你面部的表情我就知道，你摸出来没摸出来。

乙：是吗？

甲：你看你看，你别说话啊！《三国》，《三国》没摸出来？别说话，往上走，《红楼梦》有没有？我准知道，看得出来，没有反应嘛！《水浒》，瞎耽误工夫。别说话别说话，这边《三字经》，没摸出来？《百家姓》，没摸出来？这根本就不可能。《五经》，没摸出来？《四书》，四叔，你摸着四叔了吗？哎，有反应了。

乙：四叔没摸着，我摸着《孙子兵法》了。

甲：什么叫孙子兵法啊！

乙：这书能摸出来吗？

145

甲：我最喜欢的。说句我最擅长的诗词歌赋。

乙：呀！最喜欢作诗。

甲：你,可不呗!

乙：你还能作诗?

甲：我还能作诗。好么,你是没见过,我坐哪哪湿。

乙：你那是尿了。嗯!

甲：然也!

乙：还然也!尿炕,诗词歌赋的诗,能作诗。

甲：能作诗你看。

乙：诗人能这么说话吗?

甲：咱们借此机会切磋切磋行吗?

乙：切磋切磋,你呀!我告诉你,你要有这心气呀,咱别提作诗,我这也没有笔也没有纸,咱就用嘴说。也别说作诗,咱就文字游戏好吗?好,我给你出个题,咱俩人以这八个字为题。

甲：八个字。

乙：天桃林海灯连香八,八个字。

甲：为什么以这八个字为题,为什么呢?

乙：这八个字有一个共同的特点,八个字都能拆开。

甲：怎么叫拆开呢?

乙：你比如说,天地的天字,你要写这个天字,头一笔呢,它是一道的一。

甲：没错!

乙：一道的一，它本身就是一个字，哎另外你再写又是一个大字，大小的大，

甲：没错。

乙：这是两个字两个字合起来呢？它又念天。能拆开能合起来，都有这个特点。

甲：好！怎么说呢？

乙：以天字为题，一个人说四句合辙押韵，每一句都有具体的要求。

甲：什么要求？

乙：头一句就是拆这个字，二一句要说出两位古人。

甲：俩古人。

乙：这位问哪位？

甲：还得问。

乙：对！第三句是问第三位古人哪去了，到什么地方去了。

甲：对。第四句呢？

乙：就是回答那第三位古人到哪了。

甲：嘿！明白吗？好！太细致了，最后那一句的最后一个字，嗯！必须要应题上。什么叫应题上？

乙：咱说的是天字，没错啊！那么第四句的最后一个字，必须是天字，落在天字上。我这样说你可能听不明白。

甲：没错。

乙：我先说。

甲:好!

乙:我说出来,到你说的时候,照着我这个模式说。

甲:照你的模式说,行行,来好不好,先说这个天字。

乙:一大念个天,

甲:谁问谁?

乙:鲁肃问孙权。

甲:三国,三国,问谁?

乙:问关羽哪里去?

甲:关羽上哪去了?

乙:关公,关公啊!

甲:上哪去了?

乙:麦城殡了天。

甲:好!还落在天字上,未了这个字是天,太好了,那个关羽不是死在麦城吗?夜走麦城啊!那个戏多好啊!

乙:对!您就照着这个模式说。

甲:照你这模式说!行了,该我的啦!说是一大念个天。

乙:谁问谁?

甲:一个一,一个大这个字念天,一大念个天。谁问谁?这个天字儿要是出了头呢?

乙:这念夫,大丈夫的夫。

甲:说是一大念个天,天字底下加个口字,

乙:这念吞。

甲:这,你别大学教授吧!

乙：我认识吞字儿就大学教授啊！

甲：呵，真了不起你啊！

甲：说是一大念个天。

乙：谁问谁？

甲：一大念个天，天、天字上面加一宝盖儿，雪墩儿抿墩儿，一个立刀，走之儿，三点儿水儿，啊没这字啊！

乙：没这字你说它干吗？

甲：我不告诉你没这字嘛！

甲：说是一大念个天。

乙：谁问谁？

甲：鹤仙问鹿仙。古人出来了，鹤仙鹿仙。

乙：你这不行！

甲：怎么不行啊？

乙：咱们说的时候，我跟您讲了，您找两位古人。

甲：没错，这不古人吗？鹤仙、鹿仙。

乙：鹤仙、鹿仙算什么古人？

甲：这人，鹤仙、鹿仙谁不知道。就你不知道，谁不知道啊！听过京剧吗？听过京剧《盗仙草》那出？

乙：《盗仙草》，听过，守草的那俩鹤仙鹿仙。

甲：就是把守那个灵芝草的那个，那俩童子。

乙：什么童子？

甲：那是仙，一鹤一鹿，一鹤仙一鹿仙。

乙：古人吗？就算行了。鹤仙问鹿仙，问谁啊？

甲：南极翁哪里去？南极翁，南极翁，南极子老寿星，奔儿头，大脑袋。

乙：哪去了？

甲：驾鹤上西天，还落在天字上。呵！嘿！

乙：太勉强了，

甲：对了，到您那行，到我们这儿勉强。

乙：说这桃字，木兆念个桃。

甲：谁问谁？

乙：许褚问张辽。

甲：问谁？

乙：问蒋干哪里去？

甲：蒋干上哪去了？

乙：相府献寿桃。

甲：好！还落在桃字上，《三国》，还是《三国》，该听我的了。

甲：一大念个天。

乙：什么什么什么！

乙：桃了。

甲：一大念个桃。

乙：一大念桃吗？木兆……

甲：木兆念个天。

乙：木兆是念天吗？木兆。

甲：木兆念个桃，怎么意思？

乙：对，对了。

甲：呵呵，我对了！

甲：对了你也打呀你，你打顺手了你呀！木头桃，木兆，木兆念个桃。

乙：谁问谁？

甲：木兆念个桃，麋鹿问仙鹤，您听这音韵多好啊！这不找古人，找古人，这不古人出来了。

乙：找古人你弄一鹿一鹤呢？

甲：什么叫一鹿一鹤啊！麋鹿，姓麋，俩字的名字，仙鹤姓仙，仙鹤，麋鹿仙鹤。

乙：矫情。

甲：谁跟你矫情了。

乙：问谁，问谁啊？

甲：南极翁哪里去？

乙：南极翁？

甲：南极子老寿星，奔儿头大脑，行！

乙：还那寿星老。

甲：多新鲜啊！

乙：哪去了？

甲：三月三赴蟠桃。这点有吗？唉，这有。

乙：三月三王母娘娘蟠桃会。

甲：这不你知道吗？那还有错。

乙：说这林字，二木念个林。

151

甲:谁问谁?

乙:张飞问赵云。

甲:问谁?

乙:问皇嫂哪里去?

甲:皇嫂上哪去了?

乙:躲避密松林。

甲:好,好!《三国》,《三国》,《三国》是经典著作。

乙:你甭管,你说你的。

甲:该我的了。

甲:二木念个林。

乙:谁问谁?

甲:二木念个林。

乙:知道!谁问谁?

甲:鹤神问鹿神。

乙:你这不行!

甲:怎么不行?

乙:你这什么鹤神、鹿神。

甲:鹤神、鹿神。

乙:那不还是那鹤子跟那鹿吗?

甲:废话,不都升了。升了懂吗?它变神了!

乙:问谁?鹤神问鹿神,问谁啊?

甲:南极翁哪里去?

乙:哪里去了?

甲：赴宴紫竹林。张嘴就来。

乙：你这不是信口开河吗？胡说八道嘛！

甲：合情合理啊！怎么胡说八道呢？

乙：什么赴宴紫竹林？

甲：你看那紫竹林,北京找去,紫竹林公园,那一站。

乙：紫竹林公园我知道。

甲：哦,知道啊！

乙：那寿星老上那？多咱去的。

甲：你查历史去,历史有记载嘛。上图书馆,上图书馆一查一翻就出来了。

乙：我上哪查去。赴宴紫竹林嘛！哪朝哪代？什么年什么月？图书馆瞎说八道。

甲：你就奔图书馆,你哪也别去,就图书馆。

乙：咱说这海。海,水每念个海,

甲：谁问谁啊？

乙：周瑜问黄盖。

甲：问谁？

乙：问孔融哪里去？

甲：孔融上哪去了？

乙：少居在北海。

甲：啊,多好！《三国》嘛！水每念个海。

乙：谁问谁啊？

甲：水每念个海！

153

乙：谁问谁？

甲：鹤崽问鹿崽。

乙：大的没有弄俩小崽儿来，问谁？问谁啊？

甲：南极翁哪里去？

乙：怎么还问南极翁，废话！

甲：崽儿能不问嘛，崽儿更得问了，那是晚生下辈。

乙：南极翁还没走，

甲：他凭什么走啊！那崽儿都出来了他能走吗？

乙：哪去了，哪去了？

甲：顺这奔海河坐轮船。

乙：你得落海字，

甲：飘洋去过海——飘洋过海。

乙：这不胡说八道吗？

甲：怎么胡说八道啊！

乙：顺嘴一说，去日本干嘛去，那得坐飞机去。火丁念个灯。

甲：谁问谁？

乙：姜维问孔明。

甲：问谁？

乙：魏延哪里去？

甲：魏延上哪去了？

乙：闯灭七星灯。

甲：七星灯借寿，好！该听我的了。火丁念个灯，鹤童问鹿童。

乙：你就认识这一鹤一鹿一大脑袋是吧？

甲：这、这、这什么叫大脑袋！

乙：怎么还一鹤一鹿呢？

甲：鹤崽儿长大了变童了。

乙：问谁？

甲：南极翁哪里去？

乙：我就知道是他,南极翁这寿星老太没羞没臊了。

甲：说老前辈这话。

乙：怎么就靠这儿不走了呢？

甲：有事他走干吗呢？

乙：哪去了？

甲：八月十五看花灯。

乙：寿星老没事干了,花灯多好,还看花灯。说这个连字,车走念个连。

甲：谁问谁？

乙：鲁肃问孙权。

甲：问谁啊？

乙：问张飞哪里去？

甲：张飞上哪去了？

乙：三马并相连。

甲：我能说不好吗？三英战吕布,对！该我的了,车走念个连。

乙：谁问谁？

甲：鹤仙问鹿仙，升了升了。

乙：我也不跟你着这急，爱谁谁吧！问谁吧？问谁啊？

甲：南极翁哪里去？

乙：哪儿去了？

甲：坐着火车上大连——上大连了。

乙：老寿星上大连干吗去？

甲：那有一模特展览，寿星老没看过。

乙：没听说过。香，禾日念个香，

甲：谁问谁？

乙：鲁肃问周郎，

甲：问谁？

乙：问刘备哪里去？

甲：刘备上哪儿去了？

乙：甘露寺降香。

甲：多好啊！好。

甲：甘露寺有那出戏啊！该听我的了，禾日念个香。

乙：谁问谁？

甲：鹤帮问鹿帮。

乙：一个不行一来一帮一帮的。

乙：问谁？

甲：问谁啊？南极翁哪里去？

乙：这南极翁不靠到末了不完啊1哪里去了？

甲：西天去降香。怎么样？

乙：这不跟我学吗？

甲：怎么跟你学，我这是溜口。

乙：你那也降香。

甲：你那是地下，西天降香。

乙：听这八字来，撇捺念个八。

甲：谁问准？

乙：许褚问夏侯霸。

甲：问谁？

乙：问张辽哪里去？

甲：张辽上哪儿去了？

乙：帐下吹喇叭。

甲：吹喇叭，吹喇叭干吗？

乙：升帐啊！一吹喇叭就升帐了。

甲：该听我的了。撇捺念个八。

乙：你等会儿，等会儿，你脚底下安轴了你。我告诉你，现在说这个八字。

甲：我听明白了。

乙：你听明白了，告诉你啊！你说这个八字，一个鹤一个鹿一个大脑袋，这仨一个不要，听见没有？这仨你说出一个来，我就把你踹台下去，听见没有？

甲：听、听、听见了。

乙：开始啊！仨一个不许说啊！一个都不许。

157

甲：撇捺念个八。

乙：谁问谁？

甲：你奶奶问你妈。

乙：这不胡说八道嘛！

甲：什么叫胡说八道呢？你要求的全没有啊！

乙：我让你说两位古人。

甲：对啊，俩古人啊！

乙：我奶奶我妈是古人吗？

甲：你奶奶你妈现在还有吗？

乙：没有，早死了。

甲：死了，作古了吗！古人，对呀！

乙：死了就是作古了，死人就是作古了，就算行，你说，撇捺念个八。谁问谁？

甲：你奶奶问你妈。

乙：问谁？

甲：问你爸爸哪里去？

乙：哪去了？

甲：河边儿钓王八。

乙：去你的。

三节拜花巷

甲：数来宝搞的这么一个专场，竹板儿的形式，七块儿板有七块板儿的唱法。

乙：对！还有两块板儿，我们这都有。

甲：对唱的，俩人的，二节拜花巷数来宝。知道这事儿吗？

乙：三节拜花巷知道，您也就跟我说。

甲：你看看。

乙：您跟年轻的说根本不知道，你看这个二节拜花巷啊！我小时候赶上一个尾巴，两口子对。

甲：没错。

乙：两口子不上大街，就是胡同里唱给居民听。

甲：没错！

乙：数来宝，找居民要钱，他互相称呼就是老头子、老婆子。三节拜花巷，怎么叫三节？五月节、八月节、春节，这个热闹的时候，逢节给居民唱完要钱，才出来，这个事儿早没有了。

甲：咱俩人来啊！女的带一脑袋花，抹着粉，擦一脸怪粉，非常风趣。对！来咱俩来。

159

乙：咱俩来这个？

甲：咱俩配合。

乙：配合？咱俩人就去他们俩人，去那个，一个老头子，一个老婆子。

甲：对！

乙：你来谁？

甲：我来老头子，我这玩意得抢，不抢就过去了。

乙：你来老头子，我来老婆子，

甲：你来老婆子，一人一副板儿。对，没错！

乙：数来宝么，我来老婆子是吧？

甲：没错！你来老头子。

乙：老头子，不行。

甲：怎么了？

乙：你还得这边。

甲：怎么还有位置？

乙：对，这个固定位置，这边是老婆子，老婆子。

甲：这就行了，咱俩开始，打板。干吗去，你不让我偷那个包去吗？

乙：我让你偷那包去，对。

甲：你让我偷好几回了，

乙：你这样说，一会儿公安局就来了。

甲：公安来干吗？

乙：你去谁？

甲:我去老头子。

乙:对啊！老头子你先唱。

甲:你告诉我先唱,别冲我努嘴,你一努嘴我就知道干那个去。

乙:俩人就这么打板没有唱的。

甲:你告诉我先唱不就完了吗。老头子先唱,我先唱,行了。来！我的老婆子。

乙:我的老头子。

甲:我的老婆子。

乙:我的老头子。

甲:我的老婆子。

乙:我的老兔子。

甲:别唱了！

乙:别唱了就别唱了。

甲:什么意思？什么叫老兔子？

乙:来个老兔子吧你。

甲:这什么意思？

乙:你叫起来没完了。

甲:废话！我叫你怎么了。

乙:就叫一句就完,就叫一句就完,叫完了就接着往下唱。

甲:叫完了就接着往下唱,行了,换个儿。

乙:换什么个儿,

甲：我老婆,你老头吧!换个儿干吗?换换!

乙：谁跟你换个,你老头,我老婆。

甲：我的词儿比你好,你听听。

乙：一句没唱你就换个了。

甲：你听听我这词儿。

乙：你不嫌麻烦!

甲：什么叫嫌麻烦?我老婆你老头。看说得多利索,你老头,我老婆。

乙：就换这一回啊!

甲：那得看发展。

乙：看什么发展?

甲：故事嘛!故事就得往前走嘛!

乙：你要没事儿老换那就别唱了。

甲：先换这回。

乙：咱得先说明了,你是老婆子,我是老头子。

甲：我是老婆子,你是老头子。行,打板儿。

乙：我的老婆子。

甲：我的老头子。

乙：唱得不怎么样吧做得还挺好,我的老婆子。

甲：我的老头子。

乙：叫老婆子跟我走,咱们一道大街拜朋友,这个千千万,万万千,千万你别给我丢了丑。

甲：我的老头子,老头子。

乙：叫老婆子跟我走，咱们一道大街拜朋友，这个千千万，万万千，千万你别给我丢了丑。

甲：我的老头子。

乙：叫老婆子跟我走，咱们一道大街拜朋友，这个千千万，万万千，千万你别给我丢了丑。我的老头子。

甲：家庭暴力，派出所我踹死你！你为嘛踹我？

乙：你就这一句啊！

甲：废话！什么叫就这一句。

乙：你往下唱啊！

甲：这么半天我闲着了么我，我没闲着。

乙：哪句是你唱的？

甲：全是我唱的，

乙：那你唱，现在就该你唱。

甲：现在就唱，会不就唱了吗？

乙：不会！不会！你到底会不会？

甲：对词，一个师父一个传授。

乙：对什么词，一共就两句。

甲：你说哪两句？

乙：叫老头子你放心，奴家不是那样人。

甲：对啊！

乙：你会你不唱？

甲：废话，不对词儿出的来吗？

乙：成心起哄，你外行。我的老婆子。

甲：我的老头子。

乙：叫老婆子跟我走，咱们一道大街拜朋友，这个千千万，万万千，千万你别给我丢了丑。

甲：我的老头子，你放心，奴家不是那样人。

乙：叫老婆子别夸口，您一根烟卷就跟人家走。

甲：哎哟！好你个缺了德，你死不了，你嘎嘣儿你个挨千刀的，你不扫听扫听，不给打火机行吗？

门头沟

甲：我打小就听相声，喜欢您的相声，打小要不喜欢相声，长大也说不了相声。

乙：对。

甲：知道我们老家在哪儿吗？

乙：哪儿？

甲：您是北京人。

乙：我是北京人，说您啊。

甲：没错呀，离着北京不远，我是门头沟的，知道这地方吗？

乙：哦，知道啊，这个地方我听人念叨过。

甲：哦。

乙：我自己没去过。

甲：没去过。

乙：说那地方挺富的吧？

甲：没错。

乙：门头沟，那儿还有煤矿呢吧。

甲：有煤矿。

乙：您是矿里的？

甲:那活……您琢磨琢磨,我干得了那活吗?

乙:那您哪行发财?

甲:还发财呢!靠天吃饭,从土里头刨粮食吃,知道我是干什么的了吗?

乙:知道,农民,种地,好。

甲:好什么呀。

乙:一年四季,耕种锄刨。

甲:谈不上什么好,种的地太少。

乙:种多少地?

甲:不能说啊,我说出来怕您笑话。

乙:种地有多就有少啊,种多少地?

甲:举个例子吧,就我种那点地,您抽烟剩下那烟头,你可别扔。

乙:要扔了呢?

甲:您要一扔,我那地就沤了。

乙:一烟头把您地沤啦?

甲:沤啦!喝茶剩下的茶根儿,别泼。

乙:要泼了呢?

甲:你这一泼,我这地就淹了!

乙:我这一茶根儿,把您地淹了?

甲:太少了!

乙:您种那地还没尿盆大呢。

甲:有你这么比的吗?

乙:你琢磨,一茶根儿把你地淹了。

甲:太少了。

乙:您种多少地?

甲:那我跟你说说,我家一共种着九千九百九十九顷九亩地。

乙:嚯,我这茶根儿拿什么碗盛!

甲:可是说九千九百九十九顷九亩地,又不够九千九百九十九顷九亩地。

乙:怎么不够呢?

甲:靠山种着五千五百五十五顷五亩地,靠河种着四千四百四十四顷四亩地,共凑一块我家有九千九百九十九顷九亩地。

乙:这不绕口令吗。就这两句指不定在家练了多少遍了,我告你,你都忘了我们是干什么的了。

甲:您是?

乙:我们说相声的,就你说的这个,我们基本功就练的这玩意儿。

甲:是吗?

乙:看你把吃奶的劲都使出来了,我们闹着玩儿就说了。

甲:哦。

乙:你在家里练多少日子我不知道。

甲:半年之久。

乙：你看我就听这么一遍，我说得比你利索。

甲：是啊，您还有这叠肚？用词不当。你还有这程度，说说呀。

乙：我真说？我真说不把你气死！我说说，我这字出来跟你就是不一样，就如同断线的珍珠，落地有声。

甲：呵。

乙：听着啊，咳咳(清清嗓子)，说我家有九千九百九十九顷九亩地。

甲：好。

乙：好吧，听听这字眼，说九千九百九十九顷九亩地，他又……不够是吧？他又不够九千九百九十九顷……九亩地。

甲：哎。

乙：对不对，在后山种着九千九百九十九……

甲：一半。

乙：在后山种着一半。

甲：五千。

乙：在后山种着五千……五百五亩地，五十五亩地，五十五亩地，五十五顷五亩地。

甲：靠河……

乙：靠河种着……

甲：四千。

乙：靠河种着四千……四十四顷……四百……四十亩

地……顷亩地。就……就……就那些个。

甲：啊。

乙：搁在一块我才有，九千……九十……九百九十亩九顷亩，你这地不少啊！

甲：也难怪，干燥一点，嗓子有点儿干。

乙：你练多少日子了，我不就听这么一遍吗！

甲：这还不算什么，我们家还养活点儿骆驼。

乙：还养活骆驼，养活几头？

甲：可不论头，五个为一罐，六个为一串，七个为一把，八个为一帮。

乙：您是罐啊、串啊、把啊、帮啊？

甲：论着把子呢。

乙：几把子？

甲：我家有八千八百八十八把子大骆驼。

乙：又来了。

甲：可是说八千八百八十八把子大骆驼，又不够八千八百八十八把子大骆驼。

乙：怎么不够？

甲：上口外驼煤去了四千四百四十四把子大骆驼，在家里趴着四千四百四十四把子大骆驼，共凑一块我家有八千八百八十八把子大骆驼。

乙：这个，这个比那个容易。那个没说上来，那跟这个不一样，这是嘴皮儿，有这么句话懂吗？

甲：哪句话？

乙：上嘴唇一碰下嘴唇，他就说出来了。就应该说这个，这就俩嘴皮儿一碰这字就出来了，听这个，说我家……

甲：八千。

乙：说我家有八千八百八十八把子大骆驼，你听着这么有劲，说八千八百八十八把子大骆驼，又不够……八千八百……八十八把子大骆驼。

甲：对，你怎么不够？

乙：别跟我弄这个，说话别带零碎。对呀，他怎么不够？

甲：上口外驼煤。

乙：啊，上口外驼煤去了八千八百八十……

甲：一半，四千。

乙：啊，去了四千四百四十四顷……四亩地。

甲：地？跑哪去了！骆驼。

乙：骆驼，家里还……

甲：趴着。

乙：家里还趴着。

甲：四千。

乙：也那些个。

甲：四千。

乙：四千四百四十把子……四十四把子……大骆驼，搁在一块。

甲：搁在一块。

170

乙：搁在一块，我才有九……那个。

甲：八千。

乙：八千八十……八把……八百八把……八十八个爸爸。

甲：没想到您了这么富裕。

乙：爱有多少有多少，有我什么事。

甲：这不算什么，我还趁几个小钱铺。

乙：钱铺？

甲：存钱的地方。

乙：什么？

甲：小钱铺。

乙：哦。

甲：您知道中国人民银行？

乙：啊，知道。

甲：啊。

乙：怎么了？

甲：没事，很安全，那个银行是我的。

乙：什么？！

甲：中国人民银行，那是我的。

乙：中国人民银行，是你的？

甲：没错。

乙：啊？好么，那什么，您现在还正常吗？

甲：很正常。

乙：您不需要救护车？

甲：呵呵，你这是看不起人啊！光一个银行？交通也是我的。

乙：交通银行！

甲：盐业、矿业。

乙：嚯。

甲：大中。

乙：嗯。

甲：这都是我的。

乙：这些都是银行，都是你的。

甲：啊啊。

乙：你还有什么？趁着明白赶紧说。

甲：我要死是怎么着！

乙：我看你满嘴说胡话呢！

甲：你别觉着怎么样，这还不算什么。

乙：哦。

甲：我还有几个小布铺，卖布的。

乙：布铺。

甲：小布铺，不起眼。

乙：哦哦。

甲：山东八大祥知道吗？

乙：干嘛？

甲：瑞蚨祥、瑞林祥、谦祥益、瑞生祥、瑞增祥、益和祥、

172

广盛祥、祥义号,我的!

乙:你的,你的,你的,还有嘛?

甲:还有嘛,我还有几个小药铺。

乙:什么?

甲:小药铺。

乙:哦,你是该吃点儿药了。

甲:什么叫我吃药啊,东西南北,四个庆仁堂,我的。

乙:你的,你的。

甲:钱志堂。

乙:你的。

甲:常春堂。

乙:你的。

甲:同仁堂。

乙:你的。

甲:那是岳家的。

乙:这怎么岳家的?

甲:都知道是岳家的,我就不要了。

乙:要可得给你呀!

甲:你知道马路跑那汽车。

乙:那你的。

甲:那公交的。

乙:这怎么公交?

甲:还没签合同呢,一签合同就归我了。

乙：呵。

甲：刚才我说那些买卖、那些骆驼、那些地那都是……

乙：那都是你的。

甲：那全是人家的。

乙：他是有病,你说这人怎么跟他说话,一会儿又是他的,一会儿又是人家的。

甲：说人家的又是我的,说我的又是人家的,懂这句话吗?

乙：不懂。

甲：这叫小丫鬟拿钥匙,当家不主事,还没明白?

乙：哦,明白了,您是个总管。

甲：呵。

乙：大总管。

甲：没错。

乙：对不对?

甲：没错。

乙：哎呦,好,您这大总管,实力派。

甲：包括手底下人,管着两千多号人。

乙：看怎么了。

甲：底下都这么多人,上面人少得了吗!

乙：上面人少不了,多少?

甲：那是啊,这个大数(伸一个手指)。

乙：一百人。

甲：一个人。

乙：一个人？你说这么大产业。

甲：说一个人还不到一个人。

乙：怎么还不到一个人。

甲：他是个半边人。

乙：半身不遂。

甲：半身不遂干嘛呀！身体好极了。

乙：怎么半边人呢？

甲：他是个寡妇。

乙：哎呦，可惜这么大产业，是个寡妇。

甲：寡妇。

乙：太孤单了。

甲：谁说不是呢！

乙：您这大总管看有合适的看给搭个，赶紧找个主。

甲：您这话都说晚了，我上天津干嘛来了？

乙：干嘛来了？

甲：我给寡妇找对象来了。

乙：您到天津给寡妇找对象？

甲：找对象来了。

乙：嗨，您听我良言相劝啊，买车票赶紧走吧。

甲：为什么？

乙：我就是天津人，我对天津太了解了，天津有财主，但是没有像你说的那么大的财主。

甲:呵呵。

乙:没有。

甲:我明白了,门当户得对。

乙:对呀。

甲:谈不到,人寡妇图的是人,不图钱。

乙:哦。

甲:人寡妇有的是钱。

乙:那寡妇情操够高尚的。

甲:多新鲜啊,不过这行业有个选择。

乙:她想找个干什么的?

甲:找一个文艺系类的,文艺,说书的,唱戏的,练杂技的,她最高兴了让我给找一个说相声的。

乙:找说相声的。

甲:说相声的。

乙:这寡妇爱我们说相声的。

甲:就爱说相声的。

乙:这寡妇离倒霉不远了。

甲:他就喜欢怎么办啊?

乙:你回去好好劝劝那寡妇。

甲:干什么啊?

乙:这说相声的,全中国所有的相声演员我都认识。

甲:都认识。

乙:我跟您说吧,说相声没有俊人。

甲：什么叫俊人？

乙：就是说相声没有好脑袋，懂吗？她不图钱她不图人吗。

甲：哎呦，您可别这么说，人寡妇说得好啊，不要好脑袋。

乙：不要好脑袋？

甲：不要好脑袋！

乙：那他要什么程度的。

甲：只要那脑袋比搓脚石强点儿，就行。

乙：哦，长得比搓脚石强点儿就行，我琢磨我这二年该走运了，我给您搬个坐去，这么半天就跟我站着聊。

甲：别这么客气。

乙：我这人就不懂礼貌。

甲：没事，没事。

乙：(乙主动伸手和甲握手)聊了半天了，我还没领教您贵姓。

甲：哎呦，别这么客气，还贵姓呢，免贵姓姑。

乙：姓什吗？

甲：姓姑。

乙：哪个姑啊？

甲：女字边，一个古字，姑娘的姑。

乙：百家姓有这姓吗？

甲：哎呦，您可真有学问，这外姓，百家姓没有。

乙：啊，我记着没这字。

甲：您贵姓。

乙：我贱姓尹。

甲：尹爷。

乙：哎呦，姑爷。

甲：哎，咱可不是外人啊。

乙：我都老丈人了，你怎么姓这倒霉姓。

甲：什么叫倒霉姓啊！

乙：这怎么叫你。

甲：随便，随便就行了。

乙：我告你姑子，那个……

甲：您这词，得找雄性的。

乙：我告诉你老姑。

甲：这不一样吗！

乙：那怎么叫？

甲：姑先生。

乙：啊，姑先生。

甲：尹先生。

乙：您那，您刚才跟我提的寡妇，他最喜欢说相声的，而且条件不高，哪个脑袋长得比搓脚石强点儿就行。

甲：对对对，记性多好啊。

乙：您受累，您看看，您看看我这脑袋，能比那搓脚石强点儿吗？

甲:都看得出来啊,您这是大块的,您这个脸盘子大。

乙:我告诉你我什么意思!

甲:什么意思?

乙:我就是说相声的。

甲:您就是说相声的。

乙:我那意思你给我来来,您在寡妇面前给我美言几句,事成之后您放心,白不了您的。

甲:嚯。

乙:真的,我只要是跟寡妇能结了婚,她趁那么多买卖了。

甲:没错。

乙:他不好多药铺了吗!我跟她一结婚,你吃药不要钱,你就顺便吃去。

甲:好,我不反对,我高兴,这叫送健康,我给你来来。

乙:受累。

甲:(看乙)您这个倒是可以,您这个……咱可有言在先啊,我可不是鸡蛋里挑骨头。

乙:你说。

甲:您好家伙,这坑坑洼洼的,这玩意儿……

乙:什么叫玩意儿啊!这叫脑袋!

甲:你这不行呀,为了成全你,咱是有缘的,你下礼拜有事吗?

乙:下礼拜,没事。

甲:没事,跟我去一趟上海。

乙:干嘛去?

甲:上海有一个"翻人公司"。

乙:"翻人公司"?

甲:"翻人公司"。

乙:干嘛的?

甲:呵,知道翻改大衣吗?

乙:啊。

甲:外边穿旧了,里边新的,外边翻到里边,里边翻到外边,整旧如新。

乙:哦。

甲:跟这皮肤一样,外面粗糙翻到里边,把里边的嫩肉翻出来,哎,我告你,连点儿血筋都不带,往那一坐……

乙:不去,活扒皮呀!就为这事我上那活扒皮去!

甲:唉,无痛分娩。

乙:哦,我养活孩子是吧!

甲:人家有机器,往那一坐,那机器大罩一套脑袋,咔嚓,出来了,整旧如新。

乙:那我也不去,你说这咔嚓,这得多少钱。

甲:我给钱,都我给。

乙:我不花钱。

甲:路费、住、吃,一切都我给。

乙:那行,我跟你去。

甲：你可等着我，就这么办了。不行，我还得看看。哎呦，恐怕您这不行了，您这翻过一回了。

乙：去去去，这是翻着玩儿的！

甲：要不捯饬捯饬。

乙：哎，这是正事，捯饬捯饬不完了吗！

甲：捯饬捯饬。

乙：怎么捯饬。

甲：你这衣服，大褂这什么色。

乙：我这大褂新做的。

甲：什么新做的！这什么色这，您来一件粉红色的旗袍。

乙：给寡妇穿。

甲：提她干嘛，你穿。

乙：我穿粉红色的旗袍啊，那好看吗？

甲：怎么不好看呀，还得掐腰，这大桶子，掐腰，两边掐。

乙：你怎么掐反正也就这意思了。

甲：那也得掐，往里掐，你看这个开衩（读 qì）儿，小开衩儿哪行，大开衩儿。

乙：你睁眼，这开齐儿还小！

甲：不行，往上开。

乙：开，你要开哪儿去？

甲：开到胳肢窝那去。

乙：开胳肢窝那去，我就穿俩片儿我就出来了。

甲：真是的，你看露出来了，大腿露出来了，大腿，来双玻璃丝袜子,长筒的,到大腿根这。

乙:我穿?

甲:可不你穿吗! 高跟鞋。

乙:这个头还穿高跟鞋。

甲:漂亮吗! 来个假发,头套,飞机头大卷披肩,嘿,多漂亮啊!

乙:我。

甲:可不你吗!您看大平面,让大伙一看大平面,这……想办法。

乙:来俩海绵乳罩。

甲:嗨,打一针马上就起来。

乙:嗯。

甲:就这么办啦,下礼拜四等着我。

乙:再来点儿口红,再来点儿腮红。

甲:你真会填,对。

乙:我再扎俩耳朵眼。

甲:呵。

乙:好么。

甲:就这么办,下礼拜四等着我。

乙:我刚打泰国来,整个人妖。

甲:行啦,就这么办啦。

乙:干嘛?

甲:我还办事去了。

乙：你这人怎么说走就走。

甲：办完事了。

乙：办什么事，你把我侉捯饬一顿，那寡妇什么模样，你一句没说。

甲：心真细呀。

乙：你念叨念叨，让我也高兴高兴。

甲：说说寡妇这模样，吃饭了吗？

乙：什么意思？

甲：我问你吃饭没吃饭。

乙：我吃完了。

甲：吃完饭了，我说完寡妇这模样以后，当时又有食欲了。

乙：哦。

甲：就这么漂亮啊！

乙：这寡妇比化食丹还厉害！

甲：哎呦，长得……

乙：快说，我等不了了。

甲：我都舍不得说呀！说这个头不高不矮，就到你这（指乙的眉毛），行吗？

乙：呵，就在眼眉这呵，这个头我们俩在马路上一溜，多般配。

甲：就是呀。

乙：接着往下说。

甲：柳叶眉，杏核眼，樱桃小口，不笑不说话，一笑就俩酒窝。

乙:还就是她了。

甲:这是他们街坊。

乙:我说他有病不是？我问寡妇,你提她街坊干嘛!

甲:那提谁,提寡妇,寡妇比她们街坊还漂亮。

乙:你快说呀。

甲:说呀,咱可有言在先,有什么说什么!

乙:说。

甲:个头比您高点。

乙:比我还高。

甲:也高不了多少。

乙:高多少?

甲:比您也就是高三脑袋半吧。

乙:高多少?!

甲:三脑袋半。

乙:这顶子,罩不了她了,好家伙。

甲:怎么了?

乙:这么高的个,多压运啊!

甲:呦,进门你就当家,你压什么运呢!钥匙就归你了,你是那掌权的了,对吗!

乙:对。

甲:个高。怎么着,说话,别犹豫呀。

乙:高我也要。

甲:不就完了吗！浓眉大眼。

乙:要。

甲:高鼻梁。

乙:要。

甲:高颧骨。

乙:要。

甲:两撇胡子。

乙:要……不要不要！等会儿,怎么回事,我听怎么着胡子出来了！

甲:刚留的两撇胡子。

乙:寡妇留胡子？

甲:留胡子。

乙:寡妇留胡子!?

甲:那没错呀！

乙:什么寡妇。

甲:男寡妇。

乙:男寡妇！

甲:你要什么呀！

乙:我要女寡妇！

甲:女寡妇我就留下来,我找你干吗！

乙:去你的吧！

白事会

甲：您好。

乙：您好，您好。

甲：见面就问好嘛。您身体好？

乙：身体不错。

甲：演出也够忙的！

乙：对，你看这意思。

甲：家里也都挺好？

乙：那看您问谁了。

甲：我要是问谁谁就好。

乙：问谁谁好。

甲：我要是不问谁？

乙：不问谁谁也好！

甲：那就是全好。

乙：哎，对，对。

甲：表示对您的祝贺，呵呵呵。首先得问问吧，你爸爸好？老爷子。

乙：这人，我都这么大岁数了，他还问我父亲。

甲：你父亲好？

乙：我父亲过去了。

甲：过去了，是那位吗？

乙：什么！

甲：不过去了吗，过去了吗。

乙：过去了！

甲：啊，不走过去了吗！啊，要不那位？

乙：走走走，怎么连这话都不懂，过去是走过去了？

甲：啊。

乙：过去了……我父亲下世了。

甲：下世了，买菜去了？行啊，现在菜价够意思。

乙：下菜市了！

甲：啊，那什么样？

乙：连这都不懂！我父亲"黄金入柜"了

甲：哦，这明白了，攒起来了！

乙：攒起来了，我没事存爸爸。

甲：现在利息也不算少啊！

乙：什么乱七八糟的！

甲：你不存起来了吗！

乙：我父亲入土了。

甲：入土，哎，您这么一说明白了！

乙：嗯。

甲：种起来了！

乙：有种爸爸的吗！

甲:这是在论的啊!头伏萝卜二伏菜,三伏就种爸爸。到了秋后,一甩蔓儿,一开花儿,一结果,结一地的欢蹦乱跳的小爸爸儿,全我这么高儿。

乙:我全把他们摔死!

甲:逆子!

乙:我抽你。

甲:这怎么说话的!

乙:这个,你出来你们家里人也放心。

甲:你说不清楚啊!

乙:我说不清楚,你懂中国话吗!

甲:您再说说!

乙:我爸爸没了!

甲:没了,没了找找。

乙:我上哪找去?

甲:写个寻人启事那不就行了吗!

乙:不会写那个。

甲:你不会写,我给你写啊。我会写。

乙:你会写?

甲:四个字:"寻人启事"。这个"人"字要倒写着。

乙:干嘛?

甲:图个吉利,"人到了人到了"。上写:"窃闻忠不顾身,孝不顾耻,忠当尽命,孝当竭诚。鄙人尹笑声,年六十八岁,原籍北京昌平县人,因谋生而至北京,以说相声为业,昨日回家甚晚,偶不留神走失亲爹"——几个?

乙:几个!我还够富裕的!

甲:走失亲爹……

乙:一个。

甲:七个

乙:一个!

甲:说清楚了,"走失亲爹一名,除呈报公安局查找外,特登报刊,望求四方仁人君子人人得知,有知其下落者,前来送信,酬金五百元,有将全爹一份儿送回者……"

乙:你先打住,怎么还全爹啊!

甲:不缺须短尾儿。

乙:我爸爸是蛐蛐儿。

甲:你琢磨出来了。

乙:我琢磨什么!

甲:"酬款已备,绝不食言。"下面写上您的名字:"尹笑声谨启。"

乙:嗯。

甲:底下还得写上一行小字儿。

乙:嗯。

甲:你爸爸多高身量儿,有胡子没胡子,有麻子没麻子,什么脸膛儿,是红脸膛儿,是白脸膛儿,是绿脸膛儿,是黑脸膛儿。

乙:我爸爸是外国鸡!

甲:最好来一个一寸的照片。

乙:躲躲躲。

甲:怎么了?

乙:你不嫌麻烦!

甲:哎,这是千万不能嫌麻烦那,简单了可不行,"丢爸爸一名,酬金多少多少钱。"谁都愿意帮你这忙啊!这位走街上看见对面来一老头,年貌相当,也没问什么!雇辆车,给拉家去了,到家以后你们家没问青红皂白,就给收下了。刚送来一个外边又叫门,一开门,呦,俩,四个,六个,八个,十二个,二十四个,四十八个,哎呦一会一屋子老头哦,让你妈也为难啊,你说留谁不留谁呢!

乙:我雇辆车都拉你们家去!

甲:这叫什么话呀!

乙:你说什么话,你说的都什么乱七八糟的。

甲:怎么意思?

乙:我爸爸死了!

甲:你告我死了不就完了吗!你还给我拽什么文呢!

乙:谁拽文了!

甲:你爸爸死我正在你们家。

乙:你知道!

甲:这是我赶上了。

乙:你知道你还在这跟我起哄!

甲:他爸爸知道自己病至垂危,气力不佳,把老大跟老

190

三叫到跟前。你没在家,对吗!

乙:啊,我出门了。

甲:你枪毙了。

乙:你枪毙了!

甲:不是,你演戏去了!

乙:啊。

甲:我学学你爸爸当时那种情况。

乙:您说说。

甲:把老大跟老三叫过来"老大啊,老三,你们啊全过来。爸爸我呀,不行了。"

乙:我爸爸够呛了。

甲:我呀够呛了。

乙:我爸爸病重了。

甲:我呀病重了。

乙:我爸爸要死了。

甲:我呀要死了。

乙:你早就该死了!

甲:我这不学你爸爸吗。

乙:我这说一句你学一句。

甲:我呀,在银行还存着二十万块钱,把它取出来,十万块钱给你们,十万块钱给我办后事。

乙:嗯。

甲:说完这句话可了不得了!

乙：怎么了？

甲：你爸爸这口痰上来了，牙也紧了，抬头纹也开了，大眼角犄角儿也散了，鼻翅儿也扇了，耳朵边儿也干了，下巴颏儿也抖了，你爸爸伸伸腿儿，咧咧嘴儿，可就西方接引了，西方正路了，呜呼哀哉，身归那世，嗝儿屁着凉，你爸爸俩六一个幺——

乙：怎么讲？

甲：眼儿猴了！

乙：你就说死了不就完了吗！

甲：你爸爸这一死啊，你们老三哭的呀。

乙：那可不。

甲：(学哭)"老宝贝儿……"

乙：你爸爸死你都哭老宝贝儿！有这么哭的吗！

甲：应当怎么哭？

乙：应当(学哭)"爸爸呀……"

甲：(学哭声)"唉……"

乙：怎么这么大回声啊？

甲：我们这一系列，全都哭了！

乙：嗯。

甲：唯独你们大哥连一个眼泪都没掉！

乙：那怎么回事？

甲：我不知道。不但他不哭还不让别人哭。

乙：嚯。

甲：指着你们老三，叫你们老三的小名儿："嘿，三儿！干什么你！你哭什么呢你？不是这个爸爸死了吗！"

乙：对呀。

甲：不就是这个爸爸死了吗！

乙：嗯。

甲：等那个来了再说！

乙：哪个？

甲：等您来了再说。

乙：你吓我一跳！

甲："我告诉你三儿，有父从父，无父从和尚！"

乙：和尚？

甲：你大哥小名儿不是叫和尚吗！

乙：这节骨眼儿你提那干嘛呀！

甲：我还告诉你"爸爸活着，听爸爸的，爸爸一死，我就是……"

乙：啊？！

甲："当家人！"

乙：我以为他要篡位呐。

甲：你们老三说："大哥，爸爸可有遗言二十万块钱，留下十万咱们得过日子……""这事还就不能听你的，可这家的给老爷子办事！""爸爸说得好！""不行，这事就得我说了算！"你看，唉，你看看。

乙：这不俩人要打起来吗？

甲：可不是吗！

乙：闹丧啊！

甲：我不能坐山瞧虎斗啊。

乙：对呀！

甲：我说："大哥，老三，你们先搁下，老二没在家，二十万块钱，这么着，十万块给你们，十万块钱办后事，即便都给你们，你们也办不出漂亮的事来。"

乙：哦。

甲：这不这么说嘛，把十万块钱给我，我给老爷子办这堂事。结果十万块钱给我了。

乙：这场事是……

甲：我给办的。

乙：你给办的，给你十万块钱。

甲：十万。

乙：最少得赚九万五。

甲：你看你说这话都让人难受！我赚九万五干嘛啊！

乙：跟你开个玩笑。我跟你说啊，我没在家，到现在我父亲死后这场事是怎么办的，就没有一个人告诉我，就没有一个人给我说清楚过。

甲：这么办吧，今天当着大伙我给你说一说，这事是怎么办的。

乙：哎，借这个机会，您跟我念叨念叨。

甲：您看看这十万块钱够不够。没出殡的前三天，北京各大小报馆给你爸爸刊登蓝色的专刊。

乙：嚯。

甲：你光有钱行吗？

乙：嚯，这动静可不小！

甲：出殡那天是黄土垫道，净水泼街，有警察厅、公安局、保安队、游击队、侦缉队，荷枪实弹，弹压地面。殡前头，有两丈四明镜一架，御赐金锹玉镐一份，有催押旗，开道锣，红官街牌三十六对，白宫街牌一百二十八对，有开路鬼、打路鬼、显道神、夜道神，伯夷、叔齐、羊角哀、左伯桃名为四贤。有补荼、郁垒、秦琼、敬德四大门神。纸糊的烧活，金山、银山、尺头、元宝、四季纸花儿，有喷钱兽，喷云兽，镇海牛，上八仙，中八仙，下八仙，九尊无量寿佛，十八尊罗汉，五堂幡伞，分为五色，十六对大刀，二十四对金执事，那真是云、罗、伞、盖、花、罐、鱼、长，八对清道旗，二十四孝骨牌旗，有飞龙旗、飞凤旗、飞虎旗、飞豹旗、飞彪旗、飞熊旗、飞鱼旗、飞鳌旗。八对香幡，四对香伞，三架黄亭子，五把座伞，竹弓、胆箭、黄鹰、细狗、骟马、鹰鞴、鸟枪、骆驼。有龙头皮椠、凤尾鞭、戈林粉棍，龙凤羽扇，二十四对檀香炉。有松狮子，松象，松幡，松伞，松亭，松轿，松鹤，松鹿，八对松人儿。大十番儿，小堂名儿，笙、管、笛、箫。细声音乐七班，军乐队八班，马步号无数，花圈挽联无数。黑红帽子四对、刽子手四对。

乙：怎么还刽子手？

甲:手持兵符、令箭、鞭、牌、锁、棍。雍和宫、旃坛寺黄衣喇嘛经四棚。贤良寺、龙泉寺青衣和尚经四棚。三清观、白云观真君道士经四棚。白云庵儿、瑞云庵儿尼姑经四棚。前呼后拥,六十个小男儿。一百二十八杠,杠夫是红罗翎、绿驾衣,剃光穿靴子。猩猩红的棺罩,上绣寸蟒,赤金的宝顶,四个犄角儿安着黄绒八宝灯笼穗儿。茵陈木的棺材,琥珀带星的盖儿,内有陀罗经被,全部的《金刚经》。在棺材头里,在棺材前头一幅对联,乃是北洋大臣王志珍所写。

乙:上一联写的是?

甲:"民间将有出头日。"

乙:下联?

甲:"国家不幸丧栋梁。"

乙:横批?

甲:为国捐躯!就这殡!由北平新华门、出正阳门、前门西火车站上火车,棺材运到河南项城择吉安葬!

乙:这是我爸爸出殡?

甲:袁世凯发丧!

乙:你有病是吧!我让你说我爸爸出殡!

甲:没错。

乙:你说袁世凯发丧干嘛?

甲:那天寸劲儿跟袁世凯那个殡走到一块啦。

乙:怎么那么寸哪!

甲:寸劲儿,你看看。

乙：得得得。

甲：从头说，现在开始说你们家。

乙：别说了，刚说完袁世凯发丧你再说我爸爸，我爸爸老百姓那殡跟他怎么比呀！你再说我爸爸那显着多寒酸啊！

甲：你还别那么想。

乙：怎么呢？

甲：大总统一百二十八个人杠，你是老百姓，行吗？能那样吗？

乙：那比得了吗！

甲：这是我给办的，让你听听，三十二人杠，行吗？

乙：我爸爸三十二人杠？

甲：三十二人杠。

乙：哎呦，老百姓三十二人杠！那，那是天儿了。

甲：天儿了。

乙：好。

甲：你爸爸这殡还有一特别地方。

乙：什么特别？

甲：那三十人没去。

乙：就还剩俩人！来个穿心杠，一穿，就抬走了！

甲：那三十个人啊迟到了！

乙：迟到了，他去没去啊！

甲：去了。

197

乙：去了就行，那也三十二人杠。

甲：你猜猜那天送殡的有多少人？

乙：送殡的？

甲：啊。

乙：那少不了，我爸爸那人缘。

甲：就是啊。

乙：少不了！

甲：多少？

乙：怎么不得有一百人吧！

甲：一百人啊，两万多人。

乙：干嘛的？

甲：干嘛的，老一乏，是你爸爸的至交、老朋友。年轻的，是你们哥儿几个维持的。

乙：那也不能那么多人啊！人到万无边无沿啊。

甲：没数了！唉，还有一大官，给你爸爸送殡。

乙：大官？

甲：想不起来了！姓王，王怀庆。

乙：哦。

甲：步军统领，卫戍司令部的司令，庆威上将军。

乙：好家伙，那个，那咱担不起。

甲：要给你爸爸送殡。

乙：那不能让去，那得拦着！

甲：你们大哥拦下了，"王将军，这可不行。哎呀！您身

198

体也不好，我们实在是不敢当。"

乙：嗯。

甲：王将军很为难，你说去吧，孝子拦，你说不去吧，跟他爸爸相好。这怎么办？难死人啦，哎，把司令部"大令"派去吧。

乙：什么？

甲：派"大令"去。

乙：派什么？

甲：派"大令"。

乙：我们出殡！我们出殡，他派"大令"干嘛？

甲：威风啊！

乙：派"大令"那是枪毙人的，你以为我不懂是吧！

甲：你怎么老往这想呢！

乙：那玩意儿瘆得慌。

甲：还有呐！二百骑兵，一边一百。乐队怎么？怎么今歇班呢！凑凑，还有四个号兵，行，四个号兵在前面吹号，哒哒哒嘀嘀哒哒……后边是二百步兵扛着枪，上着刺刀，压着顶门子儿。

乙：你打住，这是送殡吗！

甲：不是送殡干嘛？

乙：上着刺刀，还压顶门子儿。

甲：多威风啊。

乙：威风什么！压顶门子儿走火了怎么办？

甲：废话，人是行家，怎么能让它走火呢。都齐了吗？好，马上贴布告！

乙：还是枪毙人。

甲：布告。

乙：出殡你布告干嘛！

甲：要不怎么你不懂呢！哪儿起杠，走哪儿，往哪儿埋。

乙：那叫布告吗？

甲：布告啊！

乙：那叫路引！

甲：我说错了，路引。知道哪起杠吗？

乙：哪起杠？

甲：北京后门帽儿胡同

乙：你打住。

甲：又怎么了？

乙：你别以为我北京地理不熟。

甲：怎么回事？

乙：后门帽儿胡同。

甲：啊。

乙：那什么地方！

甲：你说什么地方。

乙：那警备司令部，好么，跑警备司令部那起杠去了！

甲：那没错，口里边警备司令部，口外边起的杠。

乙：谁挑的地方，怎么单找那起杠去了！

200

甲:前边修马路,过不去,没法办。

乙:这倒霉劲儿的。

甲:你看看,走西四、西单、宣武门、菜市口、虎坊桥、天桥儿,直奔永定门。

乙:你说的这都是刑场,你以为我不懂是吧？上永定门干嘛？

甲:你们家坟地不在永定门外边？

乙:我们家坟地在德胜门外头!

甲:那是老坟,这是新坟。

乙:我们家坟地我没他知道。

甲:那天我上南城外办事去了,我走到珠市口儿,我一看,呦!怎么这么些人呐？这干嘛呀!我打听打听,好家伙,树上房上都是人:"嘿,大哥,您这儿看什么呐？""哎哟!兄弟你还不知道哪？今尹笑声他爸爸出来。"

乙:我爸爸出来？

甲:那个殡哪,出来

乙:你说殡了吗!

甲:殡,落一字,我一琢磨,这事是我给办的呀,嫌日子不好换日子了？我再上您家来不及了。

乙:嗯。

甲:我在这等着吧。一会工夫,哎呦,你爸爸从那边过来喽!

乙:我爸爸从那边过来啦!

甲：那个殡啊，过来喽。

乙：说那殡字！

甲：坐在敞车上，俩人搀着，穿着"白号坎儿"，脑袋可耷拉了。

乙：你打住，你打住吧，这是出殡吗！我爸爸死了不在棺材里躺着，跑敞车上去了

甲：轿竿折啦，租一辆敞车行不行啊？

乙：我爸爸在棺材里躺着！

甲：那相片，相片……

乙：相片也不对，相片单另有影亭。

甲：影亭坏了现租敞车。

乙：怎么那么寸呢。

甲：寸劲儿吗！

乙：那也不对。

甲：怎么不对？

乙：那干吗还用俩人扶着？

甲：不扶着，镜框倒了。

乙：怎么还穿着白号坎儿？

甲：那不照相时闪了光啦！

乙：脑袋也耷拉了？

甲：它不是快咽气时候照的吗！

乙：全赶一块去了。

甲：正说着呢，那个说："哎呦，过来啦！"

乙：什么？

甲：哪个殡过来啦，那个说了："几个啊？"

乙：几个？

甲：几个孝子。

乙：哦，几个孝子。

甲：那个是？

乙：那个是我爸爸。

甲：不，那个是你，找你了。

乙：找我干嘛！

甲：你不名声最大吗！中间那个，中间那个就是尹笑声。好，罢了！小子啊，脸色没变，

乙：这还是出红差。

甲：一会工夫经过天桥儿了，到了二道坛门了。

乙：到了刑场了，砍人的地方，二道坛门

甲：刑场干嘛？那有一茶桌。

乙：谁摆的？

甲：谁摆的，木厂子给摆的。

乙：一会儿我给他点着了。

甲：你凭什么？人有礼貌啊，到茶桌那，人就给搀下来了。

乙：搀下来干嘛？

甲：送殡不得喝点水吗！

乙：哦。

甲：搀下来以后就让跪下。

乙：让跪下！

甲：孝子道谢啊。

乙：哦。

甲：刚跪下，就听脑袋后头，啪啪！

乙：开枪啦？

甲：摔俩茶碗！

乙：去你的吧。

卖五器

乙：这回咱说一段。我说这故事发生在北京，北京这城里有个四合院，住着这么老两口，老两口啊岁数不大。

甲：干嘛？欺负人怎么着？说句心里话我也不是好惹的，要真急了，唉，我告诉你咱动刀！

乙：嚯。

甲：我叫你白刀子进去红刀子出来。

乙：这扎哪了？

甲：我扎你心尖儿。

乙：呵！

甲：白刀子进去绿刀子出来。

乙：这扎哪了？

甲：我扎你苦胆。

乙：嚯！

甲：白刀子进去黄刀子出来。

乙：这扎哪了？

甲：我扎你屎包。

乙：呸(po)！

甲：白刀子进去白刀子出来。

205

乙：这扎哪了？

甲：没扎着。

乙：没扎着你说他干嘛呀！

甲：别搅和我啊。

乙：怎么了？

甲：我生气！

乙：啊？

甲：我别扭！

乙：别扭什么？

甲：我现在正找呐。

乙：找谁呐？

甲：找公证人！

乙：找公证人干嘛？

甲：哎呀，您给我评评这个理儿。

乙：我听听。

甲：你就公证人是吧。

乙：行。

甲：这人要是做了好事，后果是什么？

乙：好人好报呀！

甲：对呀，做完好事应当有好报呀。

乙：啊。

甲：可到我这就完了，我没得好报。

乙：不可能，你说说怎么回事！

甲：嗨，别提，一提我就生气。那天我看朋友去，过马路进胡同，进胡同就到，我刚一进胡同啊，有一家死人了。

乙：哦。

甲：死一老头。

乙：哦哦哦。

甲：门口挂着"挑钱纸"。

乙：哦哦。

甲：我刚走到这，你说怎么这么寸，来一阵风把这"挑钱纸"给刮地下去了。

乙：哎呦。

甲：做好事机会到了，人家大忙忙的。

乙：就是。

甲：过去我把这"挑钱纸"原封又给他挂上。这算好事吗？

乙：算呐。

甲：我刚挂上，门口出来六七个人，就这通把我打呀，上面一拳，底下一脚的，哎呦。

乙：不是，你这"挑钱纸"怎么挂的？

甲：怎么挂呀，六号死人，我把这"挑钱纸"给八号挂上了。

乙：该打，你这叫缺德！那能随便乱挂吗！

甲：您太公证啦，呵呵，谢谢您！您在几号住？

乙：挂我们家去是吧？

甲：您说这算好事吗？

乙：这不是好事。

甲：我外边生气了，到家我就高兴了！我二大爷在家待着这么些日子，没事干，事下来了，

乙：是啊。

甲：有事干了。

乙：差事下来了！

甲：好事！

乙：好事呀！

甲：我跟我二大爷说，咱就借这次机会，亲戚朋友的，什么点头之交，沾您点光，拉巴拉巴他们。

乙：只要是好事，别忘我啊，我也在家闲着呐，您在二大爷面前美言几句。

甲：不用，不用，甭跟二大爷说，我就给你做主了。

乙：你主得了？

甲：我主了！头一名我就给你写上，你就是那第一名。

乙：谢谢谢谢。什么事啊？

甲：枪毙。

乙：不去！枪毙想起我来了！

甲：(甲哭)呜呜，(手绢擦眼泪)我二大爷……我二大爷要枪毙。

乙：为什么？

甲：我二大爷那人您不是不知道啊，老实巴交那么一

个人,饭毒的不吃犯法的不做,走到树底下都怕树叶砸着。结果落这么一个下场。

乙:为什么呢?

甲:其实我二大爷是个买卖人,小本经营,那天在家里正等着做买卖呢,来买主了,一手交钱一手交货,这不就成了吗!

乙:就是啊。

甲:进来四五个人,五花大绑,把我二大爷绑走了,传出信来了,不久就枪毙。

乙:这么厉害,他卖什么?

甲:小玩意儿啊!

乙:什么小玩意儿?

甲:小本经营。

乙:什么东西呀?

甲:不就卖了四个炸弹吗。

乙:炸弹呐! 该枪毙!

甲:四个!

乙:一个也不行,那叫军火懂吗!

甲:这不那天我去了吗,我探监去了。我一看我二大爷,哎呦,头发二寸多长,一脸的泥,我一看我心里痛的慌啊。我二大爷见我心里更难过了!

乙:对呀

甲:总没见面了,"儿子"。

乙：啊。

甲：你占我便宜！

乙：我这吃着亏呢！

甲：真是的，"儿子"。

乙：啊，嗨！

甲：你嘴可太馋了。

乙：怨我！怨我！

甲：别答应了！知道为什么二大爷管我叫儿子吗！我从小跟我二大爷长起来的。"孩子，本想再做几回买卖就洗手不干了，没想到，犯案了。我留下的房产和东西，九间屋子的东西够你们吃后半辈儿的。我死之后甭难过，给我买一口薄皮的棺材，逢年过节给我烧点儿纸，就算我没白疼你们。"说实在的，这话听着多难过。

乙：我听着不好受。

甲：我说："二大爷，我能看着您死吗！我回家以后我卖抄家货，我所有东西全卖喽，连房子带东西全卖，给您打这场官司！"

我二大爷说："呦，孩子，可千万不能这么做呀，啊，卖一半，留一半，往后你们还得过呢。"

乙：嗯。

甲：你看到这节骨眼了，二大爷还想着我呢！

乙：真是。

甲：二大爷，我们还过呐？您都没了我们还过，我们过，我们过,过你奶奶个孙子(转头向乙)。

乙:你这怎么说话呢!冲我干嘛?

甲:我没冲你啊。

乙:那你这是干嘛呀!

甲:没冲你,冲这边。回家以后,告诉我媳妇,查对查对九间屋子的东西,咱卖,抄家货,我媳妇说话了:"别介呀,还是二大爷说的对,卖一半,留一半,咱不还得过呢吗!"

乙:嗯。

甲:我说怎么这……我媳妇也这么说话,还打算过,过,呵呵,我过你奶奶个孙子。

乙:又来啦是吧!

甲:没你事,你别往心里去。正在这节骨眼,外面有人叫门,不知道谁啊!开开门一瞧,不认识。

乙:哦哦哦。

甲:"您干嘛,找谁的啊?""我就是拍卖行的"

乙:这就来了。

甲:"呵呵,你不要卖'抄家货'吗!""呦,你怎么知道的?""我怎么不知道,外面都嚷嚷动了,卖'抄家货'的,给你二大爷打这场官司,我奉劝你,我可是买东西的,全卖给我才乐意呢,我奉劝你,还是卖一半,留一半,往后你们还得过呢!"他也这么说,我过呀,我过……

乙:我过你奶奶个孙子!

甲:唉,怎么回事?

乙：我饶一个是一个。

甲：进来进来，看看九间屋子的东西，看完以后让我出价。

乙：你得说呀。

甲：我不懂啊，我一伸手，说您给这个数吧（伸五个手指）。

乙：五万。

甲：他给这数（伸俩个手指）。

乙：两万。

甲：两毛。

乙：两毛啊。

甲：五万，两毛，就冲你这两毛……

乙：不卖。

甲：拿走。

乙：卖啦？

甲：我这是气话，谁敢搬我东西我报他抢。这小子光天化日之下，哎呦，二话没说就要抱我那大座钟去。

乙：嚯。

甲：我一拦他，叭，来一大嘴巴子！

乙：嚯。

甲：我有抽风的病呀，我躺地下正抽风呢，我媳妇竟照顾我呢，叫来好几个人，把所有的东西全搬走了。

乙：嚯。

甲：九间屋子的东西，您说这小子明抢明夺呀！

乙：这不就是明抢明夺吗！

甲：我找他，说什么饶不了他，模样我记得，戴一眼镜。

乙：戴一眼镜。

甲：挺瘦的。

乙：哦。

甲：姓什么？姓……范。范什么……范老眼。

乙：范振钰？长得跟一二三那三似的。

甲：对呀。

乙：是他吧？

甲：没错呀。

乙：是他吧？

甲：就是他，您认识。

乙：啊。

甲：你认识，(甲上下打量乙)啊……这就算对了。(甲乙互相推搡)。

乙：怎么回事？

甲：就是你，就是你，搬立柜那个，没脖子就是你，我告诉你今儿完不了了。

乙：你要好好说，我帮你找范振钰，你要这样我不管。

甲：那对不起了，给你赔礼道歉了。

乙：没事。

甲：您帮我找他。

乙：我知道他们家在哪。

甲：九间屋子的东西，甭都找回来，五样是我的传家宝。

乙：最宝贵的。

甲：铜、铁、瓷、锡、木，您把这五样东西给我找回来，我就念您的大恩大德。

乙：别客气。

甲：您就是我的，重生儿女，再造子孙。

乙：你会说中国话吗？

甲：应当？

乙：那叫重生父母，再造爹娘。

甲：哦，我不敢当。

乙：你还找吗？

甲：找，铜、铁、瓷、锡、木。

乙：您先说说这铜器。

甲：过去高丽国进贡进铜。大清道光年间高丽国进贡，进了两桌铜器。送到北京礼王府。我曾祖父在礼王府里当差，礼王爷非常喜欢我家曾祖父，把两桌铜器送上一桌，留下一桌，自己用，挑了两样好的，赏给我曾祖父。我曾祖父为难了，你说要是不要？

乙：要啊。

甲：要？私藏贡宝，皇上知道了那是砍头之罪。

乙：你就别要。

甲：别要？王爷赏的，你敢不要吗？

214

乙：那怎么办呐？

甲：我家曾祖把两样铜器埋在我们家后的花园。直到同治年间，也不怎么走漏了风声，让御史言官知道了，在皇上面前奏了一本，同治龙颜大怒，把我家曾祖父推出五朝门外，就要开刀问斩。这时候让礼王府知道啦，串通了几位大臣，联名保本，才把我曾祖父这条命给保住了，要没有礼王府的人情，我曾祖父就完了，就为这铜器呦！

乙：什么铜器呀？

甲：两根儿茶壶梁儿。

乙：茶壶梁儿啊！

甲：要光茶壶儿梁儿我就不难过了。

乙：还有什么呐？

甲：那上面还有俩铜圈儿呐！

乙：哪个茶壶梁儿都有铜圈儿！

甲：这是白饶的，那得说是铁器。

乙：说说铁器。

甲：大清国造办处造出来的，造出来以后送到北京上驷院。知道什么叫上驷院吗？

乙：不知道。

甲：皇上的御马圈。我爷爷在御马圈当差，半夜越墙而出，偷出两样儿铁器，多高的墙啊，差点没摔死，就为这铁器！

乙：什么铁器呀？

甲：半拉马掌！

乙：马掌呀！

甲：要光马掌我就不难过了！

乙：哦。

甲：上面还有钉子呐！

乙：那也不值钱。

甲：这也是白饶的。还有那瓷器,光绪登基大典,江西巡抚进贡两桌瓷器,那是江西景德镇官窑定烧,掉在地下是当当当当响的好瓷器！

乙：什么瓷器？

甲：半拉羹匙脑袋！

乙：羹匙脑袋啊！

甲：光羹匙脑袋我就不难过了！

乙：对,上面还有花呢！

甲：哎呀,你看见啦？

乙：看见什么！

甲：这也是白饶的,那得说是锡器,世界有五大洲。

乙：哦！

甲：亚细亚洲、欧罗巴洲、南北美利加洲、澳大利亚洲、亚非利加洲,跟镜子面儿似的,照得见人,这么好的锡器！

乙：什么锡器？

甲：两张锡纸！

乙：锡纸啊！

甲：光锡纸我就不难过了！

乙：那还半拉烟卷头儿呐！

甲：你抽了。

乙：谁抽了？什么烂七八糟的！

甲：那得说是木器，发家指它发家，发财指它发财。(甲突然拍桌子)

乙：别一惊一乍的。

甲：吓死过人。清光绪二十六年，北京闹义和团知道吗？

乙：听说过。

甲：义和团打死了德国钦差叫克林德。八国联军进攻北京城。西太后，光绪西幸长安跑了，北京让八国联军占领了，当时我们家住家在前门外，属于德国管界地带。有一天瓦德西带令四十名洋兵查街，有仇人报告，说我们家私藏义和团。

乙：哦哦。

甲：瓦德西派三十名洋兵进院搜查。到最后一拉我们家厨房那门，就看这件木器——啷！烁烁放光，当时吓死四个德国兵。吓得瓦德西屁滚尿流，永不敢查街。直到后来西太后派李鸿章为全权大臣与八国共签和约，唯有德国不签字。瓦德西说在前门外有一家黄姓，他家有一件木器无故放光，吓死四个德国兵，我们不能和平，不能协商。李鸿章哈哈大笑："此物年深日久，受了刚青月华，成了宝物。"说着瓦德西带着各国使臣到我们家参观这件木器。各国使臣赞不绝口,瓦德西拿在手里爱不释手,非要带回德国不可。李鸿章竭力反对(大声):"此物有关中国的文化! 此物有关中国的历史! "

乙:你嚷什么!

甲:啊!!

乙:你狗粮吃多了! 好好说!

甲:带领各国使臣参观完之后,把它带回德国,东西欧四十几个国家巡回展出,巴拿马赛会上得头等奖章,世界没有,独一无二的好木器!

乙:什么木器呀?

甲:半拉锅盖。

乙:锅盖呀!

后　记

　　《阳光男孩黄铁良》一书的写作过程很有几分波折。今年的初春,准确点说是 2016 年 4 月下旬,黄铁良老先生给我打电话,说起由中华曲艺学会副会长、他的师弟孙福海先生主持,要为几位相声老艺术家出书,黄铁良先生也在其中,老人当即提出自己口述、由我执笔整理。孙福海先生是天津曲艺界德高望重的老领导,对我们年轻一辈视如子侄,非常了解,据说听黄老一提就很满意,用黄铁良老人自己的话说:"福海当时就说,师哥您真会找人。"二位前辈如此信任,我很感动;再有我跟黄铁良先生还有一层关系,他的二女儿维清、女婿刘彤,跟我同是中国北方曲艺学校首届毕业生,我们是三十年的亲如手足的好朋友,黄铁良先生和夫人、西河大鼓艺术家陈凤芸先生总是把我当作女儿一样关心疼爱,我也按照天津市民间习惯,以"老爹老娘"称呼二老。所以黄老爹一提出书的事,我也顾不得自己缺乏经验,一口答应下来。

　　很快我们就正式开始工作,4 月 26 日、5 月 17 日和 6 月 7 日,我三次到黄老家录音,随录随写,十分顺利。我跟所有人一样,实在没有想到,意外突然降临了,黄老先生在6月11日傍晚猝然离去，距我最后一次见到他老人家仅仅四天，于是就有了书中原本并没列入创作计划的"外一篇"。

三次长谈，铁良老人给我最深的感受一是讷言，二是敬业。由于年代久远，一些时间、人物、事件他已经记不太清了，并且他也不是很善于描绘情景甚至抒发情绪，而几十年前学过的节目，他却能娓娓道来、如数家珍，并且加上自己的剖析、评论和表演体会。他的话语中，浸透了对相声的挚爱、对师父的热爱、对艺术前辈的敬爱，这种深厚感情常常令我感动。由于意外，本书的后半部分只好运用采访方式，我先后采访了谦详益文苑总经理史清元先生、黄夫人陈凤芸老人、相声艺术家赵恒先生和刘彤、黄维清夫妇，并且参考了网上发表的一些尹笑声先生的回忆文字和录音。

《阳光男孩黄铁良》一书完成，不想竟成了对故人的纪念，实在令人伤感唏嘘，但是我还是希望您读完本书后能想起那位妙语连珠的矮个子老人，并因为想起他而露出微笑。而对于我，写这本书不仅仅是一次全新的尝试，更是一次值得铭记的经历，我会铭记黄老爹带给我的做人做事的启迪和由此引发的思考，铭记他对我的殷切期望，铭记他带给我的那些会心的笑声。

杨妤婕